I0074406

UNIVERSITÉ DE FRANCE

FACULTÉ DE DROIT DE PARIS

DE LA

VOLONTÉ UNILATÉRALE

CONSIDÉRÉE COMME SOURCE D'OBLIGATIONS

EN DROIT ROMAIN ET EN DROIT FRANÇAIS

THÈSE POUR LE DOCTORAT

PRÉSENTÉE ET SOUTENUE

Le mardi 23 juin 1891, à 1 heure

PAR

René WORMS

ANCIEN ÉLÈVE DE L'ÉCOLE NORMALE SUPÉRIEURE

AGRÉGÉ DE PHILOSOPHIE

Président : M. Bufnoir, *professeur.*

Suffragants : { MM. Rataud,
GÉRARDIN, { *Professeurs,*
LÉON MICHEL, *Agrégé.*

Le Candidat répondra, en outre, aux questions qui lui seront faites sur les autres matières
de l'enseignement

PARIS

A. GIARD, LIBRAIRE-ÉDITEUR

16, RUE SOUFFLOT, 16

—

1891

UNIVERSITÉ DE FRANCE

FACULTÉ DE DROIT DE PARIS

DE LA

VOLONTÉ UNILATÉRALE

CONSIDÉRÉE COMME SOURCE D'OBLIGATIONS

EN DROIT ROMAIN ET EN DROIT FRANÇAIS

68426

THÈSE POUR LE DOCTORAT

PRÉSENTÉE ET SOUTENUE

Le mardi 23 juin 1891, à 1 heure

PAR

René WORMS

ANCIEN ÉLÈVE DE L'ÉCOLE NORMALE SUPÉRIEURE
AGRÉGÉ DE PHILOSOPHIE

PARIS

A. GIARD, LIBRAIRE-ÉDITEUR

16, RUE SOUFFLOT, 16

—

1891

7832

A LA MÉMOIRE DE MA MERE

A MON PÈRE

INTRODUCTION

Sommaire. — Une obligation peut-elle naître d'une déclaration unilatérale de volonté ? Idée rationnelle de la théorie nouvelle.

Depuis l'âge classique du droit romain, on considérait
les contrats comme le mode normal et régulier par lequel
se forment les obligations. On admettait donc, peut-être
un peu trop facilement, qu'une obligation licite ne peut
naître, en principe, que du concours de deux volontés.
Une théorie nouvelle, qui a trouvé des partisans surtout
en Allemagne, est venue contester ce principe, ou du
moins lui apporter une grave dérogation. Pour cette théorie, la source véritable de l'obligation réside, non dans l'é-
change des volontés du débiteur et du créancier, mais dans
la déclaration unilatérale que le débiteur fait de sa volonté
de s'obliger. L'examen de cette idée appliquée au droit
romain et au droit français, sera la matière de cette thèse.
Peut-être devons-nous cependant, avant de développer et
de discuter les applications de la théorie nouvelle, formuler tout d'abord et examiner brièvement le principe ration
nel sur lequel elle s'appuie.

Ce principe est des plus simples. Je ne puis, assurément, dit la théorie nouvelle, modifier la situation d'au-

trui par ma seule volonté : ce serait empiéter sur ses droits. Mais je dois pouvoir, par ma seule volonté, modifier ma propre situation : car j'ai des droits souverains sur moi-même. Je puis donc, par une déclaration unilatérale, m'obliger envers autrui. Sans doute celui envers qui je prétends m'obliger ne deviendra mon créancier que s'il le veut bien ; je ne puis en effet rien lui imposer, même un droit ; et son acceptation sera toujours nécessaire pour faire naître la créance à son profit. Mais, quant à ma dette, elle est définitivement formée par la seule déclaration que je fais de ma volonté. L'acceptation du bénéficiaire, indispensable pour faire naître le droit de créance, n'est pas nécessaire pour la formation de l'obligation.

En somme, la nouvelle théorie fait naître l'obligation de la seule volonté du débiteur. Mais immédiatement une objection se présente : pour que cette volonté unilatérale pût créer une obligation, tout au moins faudrait-il, dit-on, qu'elle fût certaine dans son contenu et dans sa date, et surtout qu'elle fût irrétractable : car une volonté que le débiteur pourrait reprendre à sa guise, en réalité ne l'obligerait pas. Or, remarque-t-on, une déclaration unilatérale n'a en principe aucun de ces caractères ; si celui qui entend s'obliger est libre de faire cette déclaration comme il l'entend, c'est-à-dire en somme si une simple émission de volonté suffit pour obliger, le déclarant est constitué seul juge de son obligation : car seul il connaît le contenu et la date de sa volonté, et cette volonté, il est toujours maître de la nier, c'est-à-dire de le reprendre. L'objection serait grave si elle était véritablement fondée ; mais on a le moyen de l'écarter. Les partisans de la théorie nouvelle ne prétendent pas, en effet, qu'une émission quelconque de volonté suffise à obliger celui qui l'a émise. Ils reconnaissent, eux aussi, que la déclaration unilatérale de volonté, pour obliger son auteur, doit avoir contenu et date certaine, et doit être définitive et irrétractable : en un mot, que la déclaration ne lie son auteur, que lorsqu'il s'en est dessaisi. On leur répond alors que ce dessaisissement n'est véritablement opéré, que par l'acceptation de l'autre partie. Les partisans de la théorie nouvelle ne nient pas que, en principe, cette acceptation soit en effet le meilleur moyen, et le plus fréquemment employé, pour dessaisir de sa volonté celui qui entend s'obliger ; mais ils prétendent que ce moyen n'est pas le seul, et qu'il peut arriver, au moins à titre exceptionnel, que l'offrant soit dessaisi de sa volonté, et par là même obligé, sans qu'il y ait eu acceptation de l'autre partie. C'est sur ce point que doit se concentrer le débat, dont nous allons examiner les principaux éléments en droit romain et en droit français.

PREMIÈRE PARTIE

DROIT ROMAIN

CHAPITRE PREMIER

LES PRINCIPES.

SOMMAIRE. — I. Position de la question en général. Élimination :
1º de faits unilatéraux non productifs d'obligation; 2º d'obligations unilatérales seulement quant à leurs effets, ou quant à leur
forme; 3º d'obligations nées d'une volonté unilatérale qui n'est
pas une volonté de s'obliger. Position précise de la question. —
II. Les principes romains ne donnent pas effet à la volonté unilatérale de s'obliger. Cas exceptionnels.

Existe-t-il en droit romain des cas où un individu contracte, par sa seule volonté, un engagement civilement
valable ? Telle est la question que nous avons à examiner
dans cette première partie de notre travail.

I

A première vue, pour la question ainsi formulée, une
réponse affirmative paraît s'imposer. Il existe, semble-t-
il, un grand nombre de cas où le caractère unilatéral de
l'engagement saute aux yeux. Si cependant nous examinons d'un peu près les exemples qu'on allègue, nous ne

tarderons pas à découvrir qu'ils sont, pour la plupart, le résultat d'une erreur ou d'une confusion.

I. — On cite tout d'abord le *testament,* comme émanant d'une volonté unilatérale. Mais le testament doit être écarté de la question : car nous ne nous occupons de la volonté unilatérale que comme produisant des obligations à la charge de celui qui l'a émise, et *le testament ne produit pas d'obligations pour son auteur.* Il crée, sans doute, des obligations à l'héritier, dans le cas du moins où il contient des legs ; mais il ne crée aucune obligation à la partie même dont il émane : car, en aucun cas, elle n'aura elle-même à acquitter ces legs. Il est si peu, pour elle, une source d'obligations, qu'elle demeure maîtresse de le révoquer à son gré : or, pour qu'une volonté lie son auteur, tout au moins faut-il qu'il ne puisse plus la rétracter. Le testament ne lie donc pas le testateur (1) ; et il ne nous montre pas d'obligations nées pour un individu de sa seule volonté.

---

1. Il faudrait faire exception, évidemment, pour les formes anciennes du testament : *calatis comitiis, in procinctu, per æs et libram.* Ceux-là lient le testateur, qui ne peut plus rétracter sa volonté qu'avec le concours et le consentement du peuple ou du *familiæ emptor.* Mais précisément ces testaments anciens ne constituent pas un mode d'engagement unilatéral : le testament *per æs et libram* est une véritable vente ; le testament *calatis comitiis* et probablement aussi le testament *in procinctu* exigent l'adhésion du peuple ou de l'armée, envers lesquels le disposant contracte en quelque sorte l'obligation de laisser son hérédité à celui qu'il a ainsi désigné publiquement.

Il faut dire la même chose de la *constitution de pécule*, qui ne lie en rien le constituant, puisqu'elle est révocable à son gré.

II. — Nous venons d'écarter le testament et le don d'un pécule, comme n'étant pas productifs d'obligations pour leurs auteurs. Nous devons éliminer maintenant divers autres faits, qui sont bien, à la vérité, productifs d'obligations pour leurs auteurs, mais qui ne dérivent pas, ou qui ne dérivent qu'en apparence, d'une volonté unilatérale.

Et d'abord, écartons les faits juridiques qui ne sont unilatéraux que dans leurs effets, au point de vue des engagements produits, mais non dans leurs sources, au point de vue de la volonté qui les crée.

Par obligation unilatérale, on entend d'ordinaire une obligation née d'un contrat, c'est-à-dire de l'accord de deux parties, mais qui ne porte, au moins principalement, que sur une seule d'entre elles ; telle l'obligation du débiteur, née du contrat de stipulation ; telle l'obligation du dépositaire ou de l'emprunteur, née d'un contrat de dépôt, de *mutuum* ou de *commodat*.

Mais tel n'est pas, évidemment, le sens de l'expression « obligation unilatérale » dans ce travail (1). Une obliga-

1. Nous éviterons d'ailleurs, autant que possible, de nous servir de cette expression, précisément à cause de la confusion à laquelle elle prête ; nous croyons seulement devoir avertir en quel sens nous la prenons, pour le cas où la brièveté du langage nous obligerait à l'employer.

tion unilatérale est, pour nous, celle qui est née de la volonté d'un seul individu. Cette obligation, certes, est également unilatérale dans ses effets : car elle ne peut lier que celui qui l'a émise. Mais c'est essentiellement *par sa source* qu'elle est unilatérale. — Ainsi l'étude des engagements qui sont unilatéraux seulement par leurs effets ne rentre pas dans notre travail. La stipulation, le dépôt, etc., unilatéraux à ce point de vue, n'ont pas à nous occuper ici : car ils sont fondamentalement des contrats, qui ne peuvent résulter que d'un accord de volontés. Remarque bien naïve, semble-t-il, et qu'il était cependant indispensable de faire dans une matière aussi délicate, où un mauvais emploi des mots mène si facilement à une erreur sur les choses elles-mêmes.

Après les actes qui sont unilatéraux seulement *dans leurs effets*, il nous faut éliminer ceux qui sont unilatéraux seulement *dans leur forme*. Ici nous pénétrons plus avant dans la question, et nous rencontrons des faits juridiques qu'il est plus aisé de confondre avec ceux que nous avons à étudier. Nous voulons parler de ces actes juridiques où la volonté d'une seule partie se manifeste extérieurement par des paroles expresses, quoique, au fond, ils soient, eux aussi, le résultat d'un accord de deux volontés. Ce sont : 1° le *dotis dictio* ; 2° le *jusjurandum liberti* ; 3° *l'aveu* ; 4° la *délation du serment*, et le *serment* lui-même. Ces actes ont tous, en effet, deux caractères fondamentaux : une seule partie y parle ; et les paroles qu'elle prononce l'obligent. Dans le *dotis dictio*, le constituant de la dot, qui doit être nécessairement la femme elle-même, le parent qui l'a sous sa puissance ou son débiteur, déclare à l'époux quelle dot il entend lui donner. La formule de la *dictio*, c'est, par exemple : « *decem tibi doti erunt* (1), » ou, si l'époux était antérieurement débiteur du constituant : « *quod mihi debes, doti tibi erit* (2). » Il ne semble pas qu'il faille une acceptation du mari (3). Le constituant est donc lié par sa seule promesse. De même, dans le *jusjurandum liberti*. Avant d'affranchir un esclave, on lui fait promettre par serment des *operæ ;* puis on lui fait répéter son serment une fois la manumission opérée. Le maître n'intervient pas dans le serment ; ou, s'il intervient, c'est simplement pour indiquer à l'esclave affranchi la vraie formule qu'il doit employer. Mais de toutes façons, c'est seulement la prestation du serment, acte purement unilatéral de la part de l'affranchi, qui peut le lier : et la preuve en est que, s'il refuse de prêter le serment une fois en liberté, il n'y a pas d'action civile contre lui pour exiger les *operæ*. Pareillement, dit-on, l'aveu d'une partie devant la justice est bien un produit unilatéral de sa volonté : et pour tant il l'oblige, tout comme ferait un contrat. Enfin, on trouve une semblable manifestation de volonté unilatérale dans le serment. On la trouve dans le ser-

---

1. Digeste, livre 23, titre 3, *de jure dotium* : loi 25 ; loi 59, pr.

2. *Id. id.* : loi 44, § 1 ; loi 46, § 1.

3. On a soutenu le contraire, ne se fondant sur un texte de Térence (Andria, acte V, scène 4, vers 47-48), où le mari, après la *dictio dotis*, répond : « *accipio* ». Mais ce texte n'a rien de décisif.

ment extra-judiciaire, par exemple dans le serment des con-
suls, des divers fonctionnaires, des soldats. On la trouve
encore dans le serment judiciaire : car de la délation, de la
prestation, et de la relation du serment, naissent évidemment des obligations à la charge de la partie qui l'a déféré,
prêté ou référé. Voilà donc, dit-on, des exemples multiples
d'obligations nées d'une volonté unilatérale.

Nous croyons qu'il n'en est rien. Dans les divers actes que
nous venons de rappeler, nous voyons de véritables contrats, qui n'ont d'unilatéral que leur expression extérieure.
En effet, dans tous ces actes, il y a, au fond, un accord de
volontés.

Dans la dot, il est bien certain que le constituant et
l'époux se sont entendus à l'avance sur les objets que devaient comprendre la dot, et que les paroles solennelles
prononcées par le constituant — acte unilatéral en apparence, — ne sont en réalité que l'expression de cette volonté
commune des deux parties. L'acceptation du mari, quoique
probablement elle ne soit pas formellement exigée, est
donc implicitement contenue dans la solennité même. Est-
il bien vrai d'ailleurs que cette acceptation ne soit pas
quelque part manifestée ? Si la dot, comme cela a lieu
d'ordinaire, a été constituée avant le mariage, le futur
époux manifeste son acceptation de la dot promise, par le
seul fait qu'il procède à la célébration du mariage. Supposons que les paroles prononcées par le constituant ne
lui conviennent pas : elles ne sont pas la fidèle expression
de l'entente intervenue entre les parties ; ou bien, depuis

cette entente, le futur époux a augmenté ses prétentions ; que fera-t-il? il refusera de procéder au mariage, tant qu'une nouvelle constitution de dot, conforme à ses exigences, n'aura pas été faite. Ainsi l'acceptation du futur mari peut se présumer dans la constitution de la dot ; et cet acte, malgré son apparence unilatérale, se montre à nous, en somme, comme le résultat d'une entente des parties intéressées.

Il faut dire la même chose du *jusjurandum liberti*. Car la promesse solennelle de l'affranchi n'est que l'accomplissement de la condition sous laquelle le patron l'a libéré. S'il promet sous serment des services, ce n'est pas qu'il veuille faire une libéralité gratuite à son ancien maître, c'est qu'il y a eu, à l'avance, entente entre eux à ce sujet, et convention mûrement débattue. Mais, dit-on, cette entente importe peu : car, par elle-même, elle ne confère aucun droit au patron ; si l'affranchi, une fois en liberté, ne jure pas, le patron est désarmé ; c'est donc que la cause de son obligation est dans sa seule volonté, puisque, s'il a juré, c'est qu'il l'a bien voulu.

Ce raisonnement spécieux tombe entièrement si l'on envisage l'histoire de l'institution qui nous occupe. L'esclave qui doit être affranchi prête, on le sait, deux serments ; l'un avant, l'autre après la manumission. Or, sans doute, le second seul l'oblige *civilement :* car au point de vue de la loi civile, tant qu'il était en servitude, il n'était pas une véritable personne et ne pouvait pas, par suite, valablement s'obliger. Mais au point de vue de la loi religieuse, il en est tout autrement : l'esclave est soumis aux dieux aussi bien que l'homme libre ; il peut, comme lui, s'engager envers eux ; et, comme lui, s'il manque à son serment, il est impie, parjure, et exposé à la vengeance céleste. Or, les idées religieuses avaient, chez les anciens Romains, une très grande force : le serment prêté par l'esclave, encore en servitude, leur paraissait donc muni d'une sanction suffisamment efficace par le seul fait qu'il était sanctionné par la religion ; le maître avait donc confiance entière en ce serment. Mais alors l'ensemble de l'opération juridique change d'aspect et se révèle à nous comme un contrat **véritable** : encore en servitude, l'esclave prête son serment ; **puis le maître,** sur la foi de ce serment, l'affranchit ; il y a là **évidemment** un contrat nettement caractérisé, où l'acte de l'esclave, débiteur des services, sert de cause à l'acte du patron créancier. Ainsi la convention des parties n'est pas seulement à l'origine dans l'esprit de l'institution ; elle se manifeste dans sa forme même.

Ce n'est que plus tard, lorsque les idées religieuses eurent perdu de leur force, qu'on sentit la nécessité d'enchaîner l'esclave par un second serment, pourvu d'effets civils celui-là, le serment prêté après l'affranchissement. Et alors il n'y eut plus, dans la forme, contrat entre le patron et l'affranchi : l'affranchi étant toujours maître, une fois libre, de ne pas prêter le serment, de ne pas répondre à l'acte du patron (affranchissement), par un acte corrélatif (serment promissoire). Seulement, au fond, le caractère de l'acte resta le même : le serment de l'affranchi n'ayant toujours d'autre raison d'être que l'entente préalable des parties. L'acte était unilatéral en apparence ; il restait, en réalité, une pure convention (1).

La même réponse doit encore être faite à propos de l'aveu et du serment. L'aveu sans doute est fait par une seule partie ; mais il est, en réalité, le résultat du concours de deux volontés : car il a été provoqué par les prétentions de l'adversaire, et il n'est autre chose que l'adhésion à ces prétentions. Ce caractère en quelque sorte contractuel de l'aveu est bien mis en lumière par deux décisions de la jurisprudence romaine : 1° l'aveu doit être précédé d'une interrogation de l'adversaire ; fait devant le préteur, aussitôt après la comparution des parties, et avant toute contestation, il n'aurait aucune valeur (2) ; 2° s'il était fait en l'absence de l'adversaire, sa validité serait des plus contestables, à moins que l'adversaire ne fût représenté par un procureur (3). Ainsi l'aveu est un quasi-contrat ; ce qui peut d'ailleurs s'induire immédiatement du rapprochement de ces deux formules célèbres : « *Confessus in jure, pro judicato habetur* » ; « *judiciis quasi contrahimus.* » Quant au serment, il faut distinguer s'il s'agit d'un serment judiciaire ou d'un serment extra-judiciaire. S'il s'agit d'un

---

1. A tel point que l'action *de dolo* fut donnée contre l'esclave qui refusait de réitérer son serment en liberté, et contre sa caution.

2. Voir Ihering, l'*Esprit du droit romain*, traduction Meulenaëre, seconde édition, tome III, page 305, ss.

3. Digeste, livre 42, titre 2, *de confessis*; loi 6, § 3.

serment judiciaire, nous devons voir dans la délation, dans la prestation, et dans la relation du serment, non pas des actes à proprement parler unilatéraux, mais de véritables quasi-contrats, fort analogues à l'aveu de la partie. Et s'il s'agit de serments extra-judiciaires, tels que ceux des magistrats et des soldats, il y faut encore voir une sorte de contrat passé entre eux et ceux qui reçoivent leurs serments.

En un mot donc, dans la *dictio dotis* et dans le *jusjurandum liberti*, tout comme dans l'aveu et dans le serment, il y a en réalité une convention des parties, seulement cette convention ne se traduit en paroles expresses que de la part d'une seule d'entre elles, de la part de celle qui s'oblige. Faut-il dire pour cela que celle-ci s'oblige par sa seule volonté? Ce serait, à notre avis, aussi faux que de dire que le créancier, dans un *nexum* ou dans une *expensilatio*, acquiert un droit par sa seule volonté, pour cette raison que seul il prononce ou écrit les formules solennelles.

Distinguons donc la forme de l'acte de sa nature réelle; et disons que si, dans les quatre actes étudiés plus haut, l'obligation est, par sa forme, unilatérale, elle est du moins, dans son essence, le résultat d'un véritable contrat, et ne saurait par suite rentrer dans le plan de cette étude.

III. — Venons enfin à d'autres obligations qui sont, elles, véritablement le produit d'une volonté unilatérale, mais qui ne doivent pas nous occuper davantage, parce qu'elles ne sont pas le produit d'une volonté de s'obliger. Nous voulons parler des obligations qui naissent : 1° de certaines relations de famille ; 2° du quasi-contrat de gestion d'affaires ; 3° des délits et quasi-délits. Un père par exemple est tenu à certaines obligations vis-à-vis de son fils, par le seul fait qu'il l'a engendré : c'est sa volonté seule et non une convention passée avec ce fils, qui l'oblige. De même celui qui gère l'affaire d'autrui, est tenu de répondre des actes de son administration, et cela en vertu seulement de l'acte volontaire par lequel il s'est chargé de l'affaire, sans convention d'aucune sorte avec le *dominus*. Enfin, celui qui par son délit ou quasi-délit cause préjudice à autrui, est tenu de réparer ce dommage : c'est dans sa volonté délictuelle que réside le principe de sa responsabilité, ce ne peut pas être, bien évidemment, dans une convention avec celui qu'il a lésé. Ainsi voilà trois séries de faits où une obligation naît à la charge de quelqu'un du seul chef de sa propre action. Et cependant, nous ne croyons pas devoir nous occuper ici de ces divers cas : car, dans aucun d'entre eux, l'obligé n'avait manifesté la volonté expresse de contracter un engagement. Le père, le gérant, le coupable, n'ont pas pensé à la responsabilité qu'ils encouraient ; ou du moins, s'ils y ont pensé, ce n'est pas cette idée qui a été la cause déterminante de leur action : ils n'ont pas agi *pour s'engager*.

Donc il y a bien ici *volonté qui oblige*, mais non pas *volonté de s'obliger*. L'obligation n'est qu'une conséquence lointaine de la volonté : elle n'en est pas le contenu immédiat.

A vrai dire même, l'obligation ne dérive pas de la volonté

de celui qui a agi : elle dérive de la loi, qui a attaché cet effet à son action. Donc on ne peut pas dire que la source de l'obligation réside, à proprement parler, dans la volonté unilatérale du débiteur; et ces faits ne peuvent pas, plus que les précédents, être rangés dans la classe des faits que nous nous devons à notre sujet d'étudier.

Par ces éliminations successives, nous sommes arrivés à délimiter et à circonscrire notre sujet d'une façon assez étroite, mais aussi, à ce qu'il nous semble, assez nette. Nous n'y devons faire rentrer, comme il ressort des éliminations précédentes, que les cas dans lesquels une obligation résulte, pour un individu, de sa seule volonté, expresse et licite, de s'obliger. La question est donc de savoir si de semblables cas existent dans le droit romain.

II

Or, tandis qu'à la question posée tout à l'heure dans sa généralité un peu vague, nous étions tentés de répondre immédiatement par l'affirmative, il semble que maintenant, à la question précisée et circonscrite, nous devions répondre sans hésiter par la négative.

En droit romain, en effet, la volonté expresse et licite de s'obliger ne peut pas suffire, en principe, pour créer une obligation civile à la charge de son auteur. Quand on songe que, dans ce droit rigoureusement formaliste, le concours de deux volontés ne suffit pas pour lier leurs auteurs respectifs s'il ne s'est manifesté dans certaines formes prescrites par la loi, on doit penser que, à bien plus forte raison, une seule volonté ne peut créer de lien juridique. Et en effet le droit romain a toujours admis que, pour devenir le débiteur de quelqu'un, il fallait avoir obtenu son assentiment, il fallait avoir contracté avec lui. Idée irrationnelle peut-être : car si je ne puis, bien évidemment, devenir le créancier de quelqu'un qu'avec son assentiment, pourquoi ne pourrais-je pas, par ma seule volonté, devenir son débiteur ? Idée qui peut se défendre pourtant, au moins en apparence, par des considérations pratiques. Car d'abord cette libéralité que je veux faire à autrui, je ne puis avoir la prétention de la lui imposer : la réception d'un don lui crée à mon endroit des devoirs, tout au moins des devoirs moraux ; or, il peut avoir des raisons très légitimes pour ne pas vouloir la payer de ce prix ; les législations admettent donc, très justement, qu'à toute libéralité il faut le concours du gratifié et du gratifiant, que toute donation ne peut se réaliser qu'avec les formes d'un contrat. Mais de plus, si l'on admettait que ma volonté, par elle seule, me lie, des difficultés insolubles naîtraient de la question de savoir quelle a été au juste ma volonté et à quel moment elle s'est produite. Si une simple intention tacite suffisait, moi seul puis indiquer quelle a été mon intention, et ce à quoi j'ai entendu m'engager. S'il faut une promesse expresse, traduite extérieurement par des paroles ou par un écrit, mais sans qu'il soit besoin d'acceptation, encore faudra-t-il établir que cette promesse était, de ma part, sérieuse, définitive, sans réserves, et il faudra en outre que celui qui s'en prévaut en puisse indiquer la date avec exactitude. La preuve de l'obligation est donc rendue pratiquement impossible, si cette obligation peut résulter, en thèse générale, d'une volonté unilatérale.

Aussi les Romains ont-ils décidé qu'une obligation ne pourrait, en principe, être créée valablement que par un contrat revêtu des formes légales, ou, exceptionnellement, par un pacte validé à raison de sa teneur spéciale ; que quiconque voudrait s'obliger licitement devrait recourir à la forme de la convention. Ils ont pensé qu'une volonté unilatérale de s'obliger ne doit pouvoir produire effet que si elle a concouru avec la volonté, émise par le futur créancier, d'accepter l'obligation qu'on offre de créer à son profit : parce qu'autrement ce serait lui imposer un droit de créance dont il pourrait ne pas vouloir, et dont cependant la preuve lui serait presque impossible à fournir s'il désirait au contraire s'en prévaloir. Leur décision a été très nette, et elle n'a jamais, croyons-nous, soulevé parmi eux de difficultés.

Cependant, au principe admis par les Romains, une exception semble devoir être faite. L'acceptation du créancier est nécessaire pour la création d'une obligation. Mais n'y a-t-il pas des cas où cette acceptation est, en fait, impossible à obtenir ? Si le créancier envers qui on veut s'engager est absent, ou s'il est au nombre de ces personnes morales qui n'ont pas de voix pour répondre à une offre, que décider ? Faudra-t-il dire que, dans ces cas, aucune obligation ne pourra naître ? Ce serait souvent causer un réel préjudice au créancier lui-même, qui peut avoir le plus grand intérêt à ce qu'un droit naisse à son profit, sans être en mesure pourtant de l'accepter. La rigueur des principes devait donc, ici, recevoir quelque tempérament.

Il fallait bien autoriser celui qui veut s'engager, à contracter, sans acceptation, une obligation valable, qui le liât définitivement. Les juristes romains semblent avoir compris ces besoins de la pratique, et on trouve dans leurs œuvres certaines décisions qui prouvent que ces espèces ne leur ont pas échappé. Ce sont ces décisions que nous avons à examiner, pour en préciser le sens et la valeur. Nous allons donc étudier les diverses espèces, dans lesquelles un individu peut, à titre tout à fait exceptionnel, manifester une intention expresse et licite de s'obliger qui crée à sa charge une dette juridique. Et comme ces décisions exceptionnelles tiennent à ce que la nature du bénéficiaire, en l'empêchant d'accepter l'offre, empêche la formation d'un contrat proprement dit, nous croyons suivre un ordre logique en nous réglant sur la nature même de ce bénéficiaire. Nous examinerons donc d'abord la promesse faite à un bénéficiaire qui eût pu accepter, pour terminer par la promesse faite à celui qui ne pouvait d'aucune façon accepter, et nous chercherons à passer de l'un à l'autre par une gradation continue.

Ainsi nous trouvons, en premier lieu, les promesses faites à des personnes réelles, qui sont, absolument parlant, capables d'accepter, mais qui n'ont pu accepter dans le cas particulier dont il s'agit : 1° parce qu'elles étaient absentes; 2° parce qu'elles étaient indéterminées. Puis nous en viendrons aux promesses faites à des collectivités humaines, sociétés dont les membres sont personnellement capables d'accepter une offre, mais qui en semblent elles-mêmes incapables. Nous en arriverons enfin aux promesses faites à des Divinités, êtres moraux totalement incapables d'accepter une offre, au moins par les moyens accessibles à l'humanité.

Ce sont ces diverses espèces que nous allons maintenant exposer.

CHAPITRE II

DE LA PROMESSE FAITE A UNE PERSONNE PHYSIQUE.

SOMMAIRE. — I. De la promesse faite à personne absente (stipulation pour autrui). — II. De la promesse faite à personne indéterminée (promesse de récompense ; promesse de vente aux enchères).

I

Le premier cas dans lequel une promesse faite à une personne physique est valable sans son acceptation, est celui où il s'agit d'une personne déterminée, mais non présente au moment de la promesse. Seulement, nous ne pouvons pas nous engager valablement envers toute personne absente : il faut, pour que cet engagement unilatéral soit valable, qu'il ait lui-même sa cause dans un contrat intervenu entre nous et une autre personne, également déterminée, mais présente. Il faut en d'autres termes que cette promesse ait été obtenue de nous, en faveur d'un absent, par une personne présente, qui a ainsi stipulé pour autrui. Mais toute stipulation pour autrui, on le sait, ne fait pas naître un droit au profit du tiers absent en faveur duquel la stipulation a été faite. Prohibée en principe par le droit classique (1), la stipulation pour autrui n'est admise même par le droit de la dernière époque, que sous d'importantes réserves. Il faut d'abord, pour qu'elle vaille, que le stipulant y ait intérêt. Et de plus, cet intérêt du stipulant n'a d'ordinaire d'autre résultat que de faire naître au profit du stipulant lui-même une action contre le promettant, au cas où celui-ci n'exécute pas sa promesse envers le tiers bénéficiaire. Ce n'est qu'exceptionnellement que cet intérêt du stipulant peut faire naître au profit du tiers bénéficiaire une action qui lui permettra d'obtenir directement l'exécution de la promesse (2). Voici les plus importants de ces cas exceptionnels :

1° Une personne *in potestate* peut stipuler au profit de son *paterfamilias* ou d'une autre personne placée *sub ejusdem potestate*, et alors, dans les deux cas, le *paterfamilias* est directement investi de l'action.

2° Si j'ai mis en dépôt la chose d'autrui, je puis faire promettre au dépositaire qu'il remettra la chose à son propriétaire lui-même, et cette promesse l'oblige envers le propriétaire.

3° Je fais un prêt; je puis stipuler que mon débiteur

1. Nous n'entendons pas parler, bien entendu, des stipulations faites par le père de famille par une personne placée sous sa puissance.

2. C'est ce que décidèrent Dioclétien et Maximien (Code, lib. VIII, tit. LV, loi 3), par une « *benigna juris interpretatio* » que le Code oppose à la « *veteris juris auctoritas* ».

paiera la somme prêtée aux mains d'un tiers que je lui désigne ; le tiers aura action contre le débiteur.

4° En faisant une donation on impose au donataire une charge au profit d'un tiers ; son acceptation le liera vis-à-vis du tiers (1).

5° Un père dote sa fille, et stipule que, si elle meurt *in matrimonio*, son mari rendra la dot au constituant lui-même, s'il vit encore ; sinon, au fils du constituant. En supposant le prédécès du père et celui de la fille, le fils aura le droit de se faire remettre la valeur de la dot.

Dans tous ces cas, il y a une stipulation pour autrui produisant effet direct en faveur du tiers pour qui la stipulation a été faite. Dans tous, il y a en principe trois rapports juridiques créés :

1° Entre le stipulant et le promettant : ici, il y a un contrat véritable ; en cas d'inexécution de la promesse faite au tiers bénéficiaire, le stipulant aurait action contre le promettant, car, à son égard, celui-ci s'est engagé à faire avoir la chose au tiers bénéficiaire (*facere*).

2° Entre le promettant et le tiers bénéficiaire ; le premier a pris envers le second l'engagement de lui donner la chose (*dare*) ; mais ici, il n'y a plus qu'un engagement unilatéral de la part du promettant ; car, le tiers bénéficiaire n'ayant pas été présent à la promesse et ne l'ayant pas expressément acceptée, il ne saurait être question d'un contrat intervenu entre lui et le promettant.

1. C'est le cas prévu par la constitution rappelée plus haut.

3° Enfin, entre le stipulant et le tiers bénéficiaire, il intervient, par le fait de la prestation que le premier assure au second, un rapport juridique qui peut être de diverses natures (acquisition d'un droit de créance, libération, donation, etc.). Ce rapport est en quelque sorte l'inverse du précédent ; dans tous les deux, le lien existe entre deux personnes dont une seule a connu sa formation (c'était le promettant, dans le précédent rapport, c'est ici le stipulant), le tiers bénéficiaire ignorant, dans les deux cas, l'existence du lien au moment où il se forme. Seulement, tandis que tout à l'heure c'était la partie qui s'obligeait (le promettant) qui avait connaissance de la formation du lien, ici à l'inverse le lien ne se forme qu'au su et par la volonté de la partie qui va devenir créancière (le stipulant). De telle sorte que si, dans le cas précédent, la volonté du débiteur suffit à l'obliger, ici à l'inverse il semble que la volonté du créancier suffise à lui constituer un droit. — Mais, sans insister sur ce point, malgré l'intérêt de curiosité qu'offrirait son étude, revenons à l'examen du second rapport, à l'étude de l'engagement unilatéral du promettant envers le tiers bénéficiaire, qui seul rentre immédiatement dans le plan de ce travail.

L'engagement du promettant envers le tiers bénéficiaire est un engagement unilatéral : mais alors comment se fait-il que la loi le sanctionne ? C'est qu'ici il n'y a plus à craindre, du moins en thèse générale, les inconvénients que nous avons signalés dans le chapitre précédent, et qui empêchent de reconnaître, en principe, un effet civil à de semblables engagements. Il n'y a pas à craindre d'ordinaire qu'on impose au tiers bénéficiaire une donation dont il ne voudrait pas : car d'habitude le stipulant n'a fait prendre au promettant cet engagement qu'afin de se libérer lui-même envers le tiers bénéficiaire. Ce tiers bénéficiaire ne sera pas non plus embarrassé pour établir le contenu et la date de la promesse, car cette promesse a été faite solennellement au stipulant ; son contenu et sa date sont connus de tous ceux qui ont pris part ou qui ont assisté au contrat intervenu entre le stipulant et le promettant. Ainsi, du côté du bénéficiaire, rien à redouter de la validité conférée à l'engagement unilatéral. Du côté du promettant, des raisons positives militent en faveur de cette validité ; car l'accomplissement de la promesse est le seul moyen adéquat qu'il ait de remplir son engagement envers le stipulant ; et sa promesse unilatérale envers le tiers doit être respectée comme ayant une cause licite, et digne de faveur, dans le contrat qu'il a passé avec le stipulant. Et si enfin nous regardons du côté du stipulant lui-même, nous trouverons des raisons décisives de prononcer la validité de l'engagement unilatéral du promettant envers le bénéficiaire : car le stipulant peut avoir un intérêt majeur et très légitime à ce que le promettant accomplisse au profit d'un tiers une certaine prestation. Par exemple, le stipulant se trouve débiteur d'un tiers ; il n'a chez lui que la somme nécessaire pour s'acquitter à l'échéance ; mais voici qu'un sien ami, dans un besoin urgent, le prie de lui prêter cette somme ; il y consent, mais en stipulant que la somme sera directement versée, par son emprunteur, à son propre créancier ; quoi de plus rationnel que de consacrer l'engagement unilatéral pris par le promettant, car il est le plus sûr moyen d'assurer la libération du stipulant (1) ? En un mot donc, il y avait tout lieu de faire ici produire un effet civil à la promesse ; et cela parce que cette promesse s'appuie sur un autre engagement, bilatéral celui-là, l'engagement du promettant envers le stipulant. La volonté unilatérale du promettant tire sa force de la convention intervenue entre le stipulant et lui. Elle ne vaudrait pas par elle-même ; elle vaut, comme accessoire d'un contrat.

Il

Le cas le plus remarquable de promesse faite à personne indéterminée est celui de la promesse d'une récompense à qui accomplira une certaine action ou fera retrouver un certain objet. Le bénéficiaire de la promesse est bien, ici, une personne indéterminée, car on n'a, au moment où l'on émet l'offre, aucune donnée sur ce que pourra être la personne qui en remplira les conditions et sera en mesure de réclamer la récompense. Maintenant cette promesse de récompense peut émaner, soit

1. Le promettant paiera bien plus sûrement au tiers bénéficiaire, qui est un étranger pour lui, qu'au promettant, qui est pour lui un ami ; il y a là un fait dont les raisons psychologiques sont peu claires, mais qui est pourtant indéniable.

d'un particulier, soit de l'État. Elle peut être portée à la connaissance du public par voie d'inscription par le moyen de crieurs, etc... Il existe sur ces divers modes d'offres de récompenses, un certain nombre de témoignages curieux que nous devons rappeler.

Celui qui avait perdu un objet et voulait le retrouver, pouvait d'abord s'adresser au public, nous ne dirons pas par affiche, mais du moins par un procédé qui se rapprochait fort de celui-là, par l'inscription, sur les murs de la ville, de sa perte et de son offre de récompense. L'existence de ce procédé nous est révélé, entre autres, par une curieuse inscription placée sur un mur de Pompéï, et dont voici le texte :

Urna aenia perit de taberna. Sei quis rettulerit, dabuntur HS XV. Sei furem dabit, unde [rem] *servar*[e possim, HS] *XX »* (1).

Plus simple et plus ingénieux encore était le procédé employé pour retrouver les esclaves fugitifs. On passait dans le cou de l'esclave (pendant qu'il était encore en captivité, bien entendu), un anneau métallique portant à sa surface extérieure une lame de bronze sur laquelle était inscrit le nom du maître ; et sur cette lame on gravait aussi une promesse de récompense pour celui qui ramènerait l'esclave, au cas où il s'enfuirait de chez son maître. Tel est le cas pour une lame qui nous a été conservée et qui porte ces mots :

1. *Corpus inscriptionum latinarum*, tome IV, 64.

« *Fugi ; tene me ; quum revocaveris me d[omino] m[eo] Zo-
zimo, accipis solidum* » (1).

Mais ce procédé offrait évidemment un danger : c'est que
l'esclave, une fois en liberté, pouvait parvenir à se défaire
de la plaque révélatrice. Le même danger ne se présentait
pas pour l'application de ce procédé aux animaux appro-
priés, et il est probable que de semblables inscriptions
devaient être fréquemment gravées sur les colliers des
chiens domestiques.

Mais les procédés que nous venons d'indiquer, — inscription sur les murs de la ville, et inscription sur un collier, —
n'étaient pas les seuls connus des Romains, ni peut-être
même les plus fréquemment employés. L'usage était, pour
tout objet perdu de quelque valeur, de faire annoncer la
perte et la récompense promise par le ministère du crieur
public. Nous avons un curieux témoignage de cette cou-
tume, témoignage datant du temps de Néron, dans un passage de Pétrone (2), dont voici la traduction :

« Tout à coup entré dans l'auberge un crieur public,
suivi d'un esclave public et d'une grande foule de curieux.
Secouant une torche qui répandait plus de fumée que de
lumière, il lut à haute voix cette proclamation :

« Un jeune homme d'environ seize ans, nommé Giton
frisé, délicat, à l'extérieur aimable, vient de s'égarer au
bain public. Mille deniers de récompense à qui le ramènera ou indiquera sa retraite.

1. Orelli, 4319. Cité d'après Bruns, *fontes juris romani*, page 274.
2. Pétrone, Satyricon, chap. 97.

« Près du crieur se tenait Ascylte, vêtu d'une robe bigarrée de diverses couleurs, et portant dans un plat d'argent la récompense promise (1). »

. L'usage du crieur public était tellement passé dans les mœurs, que Apulée — dans un livre intéressant surtout parce que sous des noms de divinités il fait revivre pour nous les personnages contemporains de l'auteur — nous montre les Immortels eux-mêmes employant ce moyen pour retrouver leur bien perdu. Seulement ici, naturellement, le crieur est Mercure lui-même, et la récompense est telle que seuls les Dieux en peuvent donner une aussi précieuse (2).

1. Nous traduisons ainsi, non sans quelque hésitation, l'expression latine assez obscure : « *indicium et fidem in lance argentea præferebat.* » Il y aurait quelque intérêt à savoir au juste ce que veulent dire ces mots « *indicium et fidem* ». Car, si notre traduction est exacte, le fait que quelqu'un porte, auprès du crieur public, la récompense promise et la montre au public, aiderait peut-être à prouver que le public n'était pas bien sûr de toucher la récompense, si on se bornait à la lui promettre de loin : ce qui viendrait à l'appui de notre thèse, que l'inventeur de l'objet perdu n'a pas action contre le promettant pour se faire délivrer la récompense.

2. Voici du reste le passage tout entier (Apulée, *Métamorphoses,* livre VI, chap. 8) : « *Nec Mercurius omisit obsequium. Nam per omnium ora populorum passim discurrens, sic mandatæ prædicationis munus exsequebatur : Si quis a fuga retrahere vel occultam demonstrare poterit fugitivam regis filiam, Veneris ancillam, nomine Psychen, conveniat retro metas Murtias Mercurium prædi-*

Les différentes espèces de promesses publiques que nous avons jusqu'ici passées en revue étaient faites par des personnes individuelles. Mais nous savons que l'Etat lui-même faisait assez fréquemment de semblables promesses. En cas de danger public, par exemple, le Sénat faisait promettre une récompense à qui contribuerait à tirer la République du danger présent. Parmi les multiples exemples que nous offre de ce fait l'histoire romaine, nous n'en rapporterons qu'un seul, mais bien caractéristique, que nous empruntons à Salluste (1). Au plus fort de la conjuration de Catilina, le Sénat fit promettre comme récompense à quiconque pourrait donner les renseignements sur le complot : si c'était un esclave, la liberté et cent mille sesterces ; si c'était un homme libre, deux cent mille sesterces et l'impunité pour la part qu'il pourrait avoir dans la conjuration. Ainsi le Sénat ne dédaignait pas, à l'heure du danger, d'employer les moyens populaires, et d'adresser à tous, même aux esclaves, l'offre d'une récompense considérable comme prix d'une trahison.

De l'ensemble des textes que nous venons de citer, il résulte que les promesses à personne indéterminée étaient à Rome d'un très fréquent usage. Mais ces textes ne résolvent pas la question qui intéresse surtout le juriste, la question de savoir quelle était la valeur légale de ces promesses, et si elles obligeaient civilement celui qui les avait

catorem ; accepturus indicinæ nomine septem savia suavia, et unum blandientis appulsu linguæ longe mellitum. »

1. Salluste, Catilina, XXX, 6.

émises. Quand quelqu'un, ayant rempli les conditions de l'offre, se présentait pour réclamer la récompense, avait-il un *droit* véritable ? Sans doute, en fait, il devait arriver presque toujours que le promettant fût fidèle à son offre : car il paraît difficile que l'ayant faite publiquement, au vu et au su de tous, il eût l'impudence de la désavouer, une fois rentré en possession de sa chose. Mais enfin, si le cas se présentait, le réclamant était-il muni d'une action pour contraindre le promettant à s'exécuter ? Nous ne le pensons pas. — Il existe, il est vrai, deux textes qui pourraient s'interpréter dans le sens de la solution contraire. Tous deux sont tirés d'ouvrages de rhétorique : ils relatent deux de ces «*controversiæ*» ou exercices d'école, par lesquels les rhéteurs habituaient leurs élèves à la parole publique en leur faisant traiter des sujets plus ou moins analogues à ceux que fournissait la pratique, mais portant généralement sur des cas exceptionnels, assez invraisemblables, et plutôt faits pour piquer la curiosité que pour mettre en jeu le véritable esprit juridique. Quoi qu'il en soit, voici ces deux textes : «Un père dont le fils avait disparu, promit de donner une certaine somme à quiconque pourrait lui faire découvrir son fils. Quelqu'un le lui montre, mais privé de vie. Il réclame la récompense. Controverse : le père devait-il payer, parce qu'il avait promis, ou ne le devait-il pas, parce que le fils qu'on lui montrait était mort (1) ? » « Un esclave avait pris la fuite. Le

1. Julius Victor, Ars rhetorica, 4, 4.

maître promet mille deniers de récompense à qui le lui ramènera. Quelqu'un le ramène. Mais alors l'esclave est *adsertus in libertatem,* et déclaré libre par le magistrat. Celui qui l'avait ramené réclame la récompense. L'ancien maître y contredit (1). » Dans ces deux textes, on le voit, il peut s'agir de savoir laquelle des deux parties, le promettant ou le réclamant, aurait raison dans un débat en justice : ce qui supposerait qu'une action peut, sous certaines conditions, être donnée au réclamant. Mais cette conclusion ne s'impose nullement : car il peut simplement s'agir, dans ces deux textes, d'une controverse toute morale : le promettant doit-il, *en honneur,* tenir sa promesse dans les cas indiqués ? ou bien au contraire la mort du fils et la libération de l'esclave ne l'affranchissent-elles pas de toute obligation, même naturelle ? Ainsi le sens de ces textes ne nous force nullement à admettre que le réclamant avait, en principe, action contre le promettant. Et nous inclinons, pour notre part, à admettre la négative. Car sur quoi le réclamant se fonderait-il pour demander action ? Quel est l'acte juridique sur lequel s'appuierait son droit ? Dira-t-il qu'entre le promettant et lui, il est intervenu une convention à laquelle lui-même a satisfait en ramenant l'esclave, et à laquelle l'autre partie doit satisfaire aussi ? Mais cette convention ne pourrait être, en tout cas, qu'un pacte, et un simple pacte n'engendre pas d'action. Dira-t-il que, sans convention, le promettant est tenu par sa seule

1. Chirius Fortunatianus, Ars rhetorica, 1, 18.

offre, que sa volonté unilatérale l'oblige ? Mais ce serait là une prétention qui sortirait tout à fait des règles du droit commun : pour la fonder, il faudrait évidemment une décision législative, et nous n'avons aucune décision de ce genre. Rien ne nous autorise donc à croire que le réclamant fût pourvu d'une action, et que le promettant fût tenu autrement que d'une simple obligation naturelle.

La promesse de récompense est, avons-nous dit, l'espèce la plus ordinaire de la promesse à personne indéterminée. Ce n'est pas la seule. Il faudrait notamment placer à côté d'elle la promesse de vente aux enchères. Quand des biens sont mis publiquement en vente, il y a obligation pour celui qui provoque la vente de laisser le public s'en porter acquéreur aux conditions énoncées dans le *lex bonorum vendendorum*. Mais ici le problème que nous indiquions tout à l'heure ne peut plus se poser : il n'y a aucun intérêt à savoir si celui qui veut se porter acquéreur est, ou non, muni d'une action pour se faire délivrer les biens dans les conditions fixées. Car la vente se faisant, comme nous dirions aujourd'hui, « par autorité de justice », les conditions indiquées dans le *lex* y sont nécessairement observées. Ces considérations, qui s'appliquent à la *bonorum venditio*, s'appliquent à plus forte raison à la *bonorum sectio*, dans laquelle c'est l'État lui-même qui fait mettre en vente une partie de son patrimoine. Quant aux *distractiones* d'ordre purement privé, la question ne s'y pose pas non plus, mais pour une raison inverse : c'est qu'ici il

est bien évident que le vendeur peut changer ses conditions, relever son prix de vente par exemple, jusqu'à ce que
l'acheteur ait accepté, sans que celui-ci ait le droit de se
plaindre, puisque avant l'accord intervenu, lui-même n'a
encore rien fait.

Résumons tout cela. Nous avons examiné dans ce chapitre deux cas de promesse unilatérale. Dans le premier
(stipulation pour autrui), cette promesse est civilement
obligatoire, mais c'est parce qu'elle s'appuie sur un contrat. Dans le deuxième (promesse à personne indéterminée), rien ne nous prouve que la promesse unilatérale
produise un effet juridique. Nous n'avons donc pas jusqu'ici trouvé un seul cas où un engagement unilatéral
soit *par lui-même* obligatoire. Cherchons si nous serons
plus heureux, en examinant les promesses faites à des
personnes morales, et, tout d'abord, les promesses faites
à des cités.

CHAPITRE III

DE LA PROMESSE FAITE A UNE CITÉ.

Sommaire. — Théorie de la pollicitation. — A. Envers qui la pollicitation est-elle possible ? — B. Qui peut s'obliger par pollicitation ? — — C. A quelles conditions la pollicitation lie-t-elle son auteur ? — — D. De la pollicitation conditionnelle. — E. Effets de la promesse : obligations du pollicitant. — F. Sanction de l'obligation du pollicitant. — G. Extinction de l'obligation.

Nous trouvons, dans le droit de l'époque impériale, une série de dispositions donnant effet obligatoire à la promesse faite par un particulier au profit de sa cité. Ces dispositions, introduites évidemment dans le but de favoriser les cités, en leur permettant d'exiger de leurs citoyens un concours plus actif à l'édification des travaux publics et au soulagement des calamités générales, se trouvaient répétées, nous dit Ulpien (1), dans un grand nombre de constitutions impériales, « tant anciennes que récentes ». De toutes ces constitutions, la plus ancienne qui nous soit connue date de Trajan (2) ; les plus récentes datent de Ca-

1. Digeste, livre *L*, titre XII, *de Pollicitationibus;* loi 1. pr.
2. *De poll.*, loi 14.

racalla. — De plus, un certain nombre de jurisconsultes, et, parmi eux, quelques-uns des plus grands, Ulpien, Paul, Modestin, nous ont laissé des décisions doctrinales sur la matière. — C'est avec l'ensemble de ces textes, condensés pour la plupart dans un titre du Digeste (le titre *de pollicitationibus ;* livre L, titre XII), que nous allons essayer de reconstruire la théorie de la promesse envers une cité, ou, comme on dit d'ordinaire pour abréger, la théorie de la *pollicitation.*

Suivant le principe qui nous guide dans toute cette étude, nous examinerons d'abord envers qui on peut s'obliger par pollicitation ; puis, quelles personnes peuvent ainsi s'engager ; à quelles conditions une obligation naît à leur charge, et aussi, dans certains cas, à la charge du bénéficiaire de la promesse ; quels sont les effets de cette obligation ; qui peut en exiger l'accomplissement, et sous quelle forme le peut-il ; comment l'obligation s'éteint, et quand est-elle transmissible aux héritiers du promettant.

A. — *Envers qui la pollicitation est-elle possible ?*

La pollicitation, nous dit Ulpien, c'est « la promesse unilatérale de l'offrant (1). » Mais la promesse unilatérale ne prend le nom de pollicitation que quand elle est adressée à certaines personnes déterminées. Quelles sont ces personnes ?

1. *De poll.,* loi 3.

A cette question, nous ne trouvons dans les textes aucune réponse expressément formulée. Mais tous ces textes supposent que la promesse s'adresse à une cité. Il faut donc dire : « la sollicitation est une promesse unilatérale faite à une cité. »

Seulement, à côté des mots *civitas*, *patria*, qui bien évidemment désignent une ville provinciale, on rencontre dans les textes le mot *respublica* (1), qui peut s'appliquer à l'Etat lui-même. De telle sorte qu'il faudrait peut-être, élargissant notre formule, dire plutôt : « la pollicitation est une promesse unilatérale faite à l'État ou à une cité » ; d'autant qu'il est rationnel d'admettre que l'État était au moins aussi bien traité, dans ses rapports avec ses débiteurs, que les cités provinciales particulières.

B. — *Qui peut s'engager par pollicitation ?*

En principe, toute personne capable de s'obliger doit pouvoir faire une pollicitation valable. Et cela est vrai même des femmes : un rescrit de Septime-Sévère et de Caracalla leur permettait de s'engager « pour un honneur reçu » (2), et il y a tout lieu de croire que cette décision devait être généralisée, et que la femme pouvait s'engager, par la pollicitation, dans tous les cas où un homme

1. *De poll.*, loi 1. Il est vrai que, même dans ce texte, « *respublica* » paraît désigner une cité provinciale.

2. *De poll.*, loi 6, § 2.

l'aurait pu. Il ne s'agit ici, bien entendu, que de la femme *sui juris*.

Quant aux personnes *alieni juris*, il faut probablement étendre à leur pollicitation la règle que nous trouvons posée, dans le même titre du Digeste (1), pour leur vœu. Ils ne peuvent s'engager par pollicitation que du consentement de leur chef de famille; et alors ils l'obligent lui-même en s'obligeant.

C. — *A quelles conditions la pollicitation lie-t-elle son auteur ?*

Il ne suffit pas, pour que le pollicitant soit civilement lié par son offre, qu'il ait été capable de la faire et qu'il l'ait faite à un corps capable d'en profiter. Il faut, en outre, certaines conditions annexes, que nous allons relever.

Il ne semble pas qu'aucune forme solennelle soit prescrite pour la validité de la promesse. Du moins, les textes ne font nulle part mention de paroles solennelles que devrait prononcer le pollicitant. Mais d'autres conditions sont requises : il faut, pour que le pollicitant lie son auteur, qu'elle ait une juste cause, ou bien qu'elle ait reçu un commencement d'exécution.

De la juste cause. — La pollicitation a une juste cause, quand elle est faite par le promettant :

1° *En raison d'un honneur.* — Cet honneur peut être une

---

1. *De poll.*, loi 2.

fonction laïque, ou bien un sacerdoce (1). Ce peut être un honneur déjà décerné au promettant, ou bien un honneur à décerner (2). Par exemple, celui qui vient d'être élu à une magistrature locale peut promettre des jeux à ses électeurs ; ou bien un magistrat sorti de charge, auquel ses administrés ont voté une statue, peut, tout en acceptant l'honneur qu'on lui fait, dégrever les donateurs de tous frais, en offrant de payer le prix de la statue (3). Mais on doit aussi décider, vu la généralité des termes du texte (ob honorem decretum sibi, vel decernendum), qu'un particulier pourrait faire une promesse, — par exemple une promesse de jeux publics, ou de distribution de secours aux pauvres — en vue d'un honneur qui ne lui est pas encore décerné, mais qu'il recherche : ce qui est un moyen détourné de lui permettre d'acheter les voix des électeurs. — La promesse n'est obligatoire cependant que si le promettant a exercé la charge, ou du moins est entré en fonctions : s'il mourait avant d'être entré en fonctions, aucune obligation ne naîtrait à la charge de ses héritiers, sauf dans le cas, qui sera plus loin examiné, où il

1. *De poll.*, loi 11.

2. *De poll.*, loi 1, § 1.

3. C'est la clause si fréquente dans les inscriptions : « *honore contentus, impensam remisit* ». Voir notamment *Corpus inscr. lat.*, XIV, 2804, 321, 431, 2409. Exemple analogue : un magistrat municipal perd son fils ; la cité lui vote des funérailles publiques ; le père accepte l'honneur, mais offre de payer la dépense. *Corpus inscr. lat.*, XIV, 413, 415.

aurait lui-même donné à sa promesse un commencement d'exécution (1). Enfin, il faut noter qu'on peut s'engager en raison d'un honneur décerné à autrui, comme la raison d'un honneur fait à soi-même (2).

2° *En raison d'une calamité publique.* — Si la cité a été victime d'un incendie, d'un tremblement de terre, ou de quelque autre fléau, le citoyen qui se sera engagé à lui venir en aide sera tenu par sa promesse unilatérale (3).

3° *En raison de tous autres faits qui peuvent rendre légitime l'offre du pollicitant :* car les textes ne sont nullement limitatifs, et décident seulement que le pollicitant sera tenu « *si ob honorem premiserit... vel ob aliam justam causam* (4) », en laissant à la prudence du juge le soin de décider quelles sont ces autres justes causes. Mais le juge doit probablement se montrer assez réservé dans l'appréciation qu'il en fera, car une décision d'Ulpien, insérée au Digeste, nous apprend que la simple promesse de donner des jeux publics, faites par lettre par quelqu'un qui n'y était pas obligé, ne crée pas à sa charge une dette juridique (5).

1. *De poll.*, loi 11.

2. *Sui alienive honoris causa. De poll.*, loi 14.

3. *De poll.*, loi 4.

4. *De poll.*, loi 1, § 1.

5. *De poll.*, loi 5. — Un autre texte d'Ulpien (*De poll.*, loi 6, § 3) décide que la cité donne l'ordre à un citoyen d'élever à l'empereur une statue sans que ce citoyen s'y soit volontairement engagé, il ne

Tels sont les cas dans lesquels la promesse vaut obligation de droit, parce qu'elle a une juste cause. Mais la promesse, même dénuée de juste cause, lierait encore son auteur, si postérieurement il lui avait donné un commencement d'exécution. Il y aurait là une sorte de confirmation tacite d'une obligation primitivement nulle, dont nous devons maintenant parler.

Du commencement d'exécution. — La promesse est considérée comme valable, dès que son auteur a commencé à l'exécuter : car alors il est établi que lui-même n'a pas voulu faire simplement une promesse « en l'air », mais qu'il s'est au contraire considéré comme lié par sa parole et comme tenu à procurer à la cité l'avantage qu'il lui avait promis.

Il y a donc grand intérêt à savoir, quand et dans quels cas la promesse doit être réputée avoir reçu un commencement d'exécution. Pour cela, il faut distinguer s'il s'agit d'une promesse de somme d'argent, ou s'il s'agit d'une promesse de travaux publics :

1° S'il s'agit d'une promesse de somme d'argent, il n'y a pas de difficulté ; la promesse est réputée avoir reçu un commencement d'exécution, dès que le promettant a versé une fraction de la somme entre les mains des représentants de la cité (1).

---

sera pas tenu d'obéir : sa promesse volontaire pourrait seule l'y obliger.

1. *De poll.*, loi 6, § 1.

2° Mais s'il s'agit d'une promesse de travaux publics, quand faudra-t-il dire que le promettant les a commencés ? Il faudra dire qu'il les a commencés :

α. S'il a jeté les fondements de l'édifice (1) sur un terrain à lui appartenant ; même simplement s'il n'a fait qu'approprier ce terrain à sa nouvelle destination (2) ;

β. S'il a demandé à la cité de lui désigner un emplacement pour élever l'édifice, et si cette désignation lui a été faite, même n'eût-il effectué encore aucun travail matériel (toutefois, nous dit Ulpien, cette décision était contestée) (3) ; à plus forte raison, si, un terrain public lui ayant été concédé pour bâtir son édifice, il y a élevé des constructions, ou fait faire des travaux coûteux (4) ;

γ. Enfin si, sans avoir rien fait exécuter par lui-même, il avait promis pour l'exécution des travaux une somme d'argent déterminée, et si la cité ou un autre particulier, comptant sur cette somme, avait fait commencer à ses frais les travaux (5).

1. *De poll.*, loi 1, § 3 : « *Si fundamenta jecit* ».

2. *Id., id.* « *Si locum purgavit.* »

3. *Id., id.* « *Si locus illi petenti designatus est, magis est, ut cœpisse videatur.* »

4. *Id., id.* « *Si apparatum, sive impensam in publico posuit.* »

5. *De poll.*, loi 1, § 4. « *Si non ipse cœpit, sed quum certam pecuniam promisisset ad opus, respublica contemplatione pecuniæ cœpit opus facere*» (*Respublica* au lieu de *reipublicæ*, conjecture justifiée par le texte des Basiliques : και ηπολις αρξεται). Voir aussi, même loi, § 5.

Voilà les circonstances qui constituent, d'après Ulpien, le commencement d'exécution de la promesse unilatérale. Quand ces circonstances se rencontrent, la promesse, fût-elle viciée dans son origine comme contractée sans juste cause, devrait être considérée comme valable ; et désormais le pollicitant ne saurait plus se soustraire aux conséquences juridiques de son offre.

Nous connaissons donc maintenant les conditions qui sont exigées pour que la pollicitation devienne, pour celui qui l'a émise, une sources d'obligations juridiques. Mais avant d'examiner dans le détail ces obligations, les actions qui les sanctionnent, et leurs modes d'extinction, nous devons, revenant sur la pollicitation elle-même, relever les modalités dont elle peut être affectée, faire en un mot la théorie de la pollicitation conditionnelle.

D. — *De la pollicitation conditionnelle.*

Il se peut que le donateur, en faisant sa promesse, ait entendu imposer certaines charges à la cité bénéficiaire. Celle-ci sera-t-elle tenue de les remplir ? Les principes voudraient qu'on répondît « oui » sans exception ; car la charge fait, semble-t-il, partie intégrante de la condition, et la cité paraît ne pouvoir se dispenser de les remplir qu'en abandonnant le bénéfice de la pollicitation. Cependant, dans l'intérêt des cités, ce fut une autre règle qui fut établie. Les empereurs Marc-Aurèle et Verus (1)

1. *De poll.*, loi 13.

décidèrent que la cité devrait remplir les charges imposées par le donateur, si celles-ci étaient faites dans l'intérêt de la cité même : par exemple, le promettant a mis
comme condition à sa libéralité, la suppression par la
cité de quelque abus criant : la cité, si elle veut être admise à se prévaloir de la promesse, devra réformer l'abus :
car la condition a été évidemment mise dans son propre
intérêt, puisque la seule suppression de l'abus est déjà
pour elle un bienfait. Mais, inversement, les conditions
qui seraient contraires aux intérêts de la cité ne la lie-
raient pas : elle n'aurait pas même à choisir entre leur
accomplissement et l'acceptation de la libéralité ; elle serait autorisée à se prévaloir du don, sans être tenue de
remplir la charge. Par exemple, dit le texte, si quelqu'un
a *légué* une somme d'argent à la cité, en lui défendant à
l'avenir de percevoir l'impôt, cette condition tombera ;
car l'impôt est un bien pour la cité, qui le perçoit, et il
n'est plus un mal pour les contribuables qui le paient, vu
qu'une longue habitude les y a accoutumés ; la charge
mise par le défunt est donc contraire aux intérêts généraux, et elle devra tomber purement et simplement.

Ce texte, remarquons-le, ne fait qu'appliquer une règle
bien connue : c'est que les conditions illicites, *dans les
testaments*, sont réputées non écrites. Mais comment se
fait-il qu'un semblable texte se trouve dans la matière des
pollicitations ? A moins d'admettre ici une simple erreur
des rédacteurs de Digeste, il faut supposer qu'on est dans
l'espèce suivante. Le défunt avait fait, de son vivant, une

pollicitation à la cité qui l'obligeait civilement : pour s'acquitter, il lui fait un legs dans son testament. S'il eût réalisé sa promesse de son vivant, il eût pu contraindre la cité à exécuter la charge, sinon à renoncer au bénéfice de la libéralité : car on se fût trouvé dans le cas d'une donation, et, dans la donation comme dans le contrat à titre onéreux, la condition illicite est pour les Romains une cause de caducité de l'acte principal lui-même. Mais il ne s'est acquitté que par testament, il faut donc appliquer les règles du legs, et non celles de la donation : la condition illicite sera donc réputée non écrite, et la libéralité même subsistera. On eût pu sans doute adopter la règle contraire, en considérant la volonté du promettant, non dans l'acte par lequel elle s'est exécutée, mais dans l'acte par lequel elle s'est affirmée ; et c'eût peut-être été plus logique. Mais l'intérêt des cités exigeait la première solution ; et, comme dans toute notre matière, c'est cet intérêt qui l'a emporté.

Seulement le texte que nous venons d'examiner laisse hors de ses prévisions le cas le plus fréquent de pollicitation conditionnelle. Il prévoit le cas d'une condition utile à la cité, et le cas d'une condition qui lui nuit ; mais la plupart des conditions ne sont ni utiles ni nuisibles à la cité : elles lui sont indifférentes. Le plus souvent, en effet, quand le promettant impose une charge à la cité, cette charge est celle de conserver à la libéralité le nom de son auteur : le promettant veut s'assurer que sa mémoire ne disparaîtra pas, et il prescrit quelque mesure destinée à la conserver.

Par exemple, il demande que son nom soit inscrit sur l'édifice dont il fait don à la ville (1); ou bien c'est une femme qui établit de ses deniers des jeux publics, et elle prescrit que son mari, et après lui ses fils, seront à perpétuité les présidents de ces jeux (2). Que décider pour de semblables conditions? Les auteurs n'hésitent pas à les valider : ils disent que les termes de la pollicitation doivent être respectés (3) partout où faire se peut. Et cela se comprend aisément : car en dehors même des raisons de reconnaissance qui doivent pousser la cité à remplir les intentions du gratifiant, il est évident qu'une semblable mesure lui est plutôt favorable : le respect de semblables charges est, en effet, éminemment de nature à attirer à la cité de nombreuses et importantes libéralités.

Nous avons achevé l'étude de la pollicitation considérée en elle-même, dans ces conditions de validité et dans son contenu. Il nous reste à en envisager les divers effets.

E. — *Effets de la promesse : obligations du pollicitant.*

L'obligation principale du promettant, c'est de livrer la chose même qu'il a promise. S'il a promis une somme d'argent il doit la payer; s'il a promis un travail, il doit l'exécu-

1. Digeste, livre L, tit X, *de operibus publicis*, loi 2.

2. Digeste, *de pollicitationibus*, loi 10.

3. Id., *id.*

ter: il ne serait pas admis à offrir une somme d'argent pour se libérer de son obligation d'exécuter un travail (1).

La propriété des choses promises n'est pas transférée à la cité par le seul fait de la promesse. Mais elle l'est, d'une façon définitive, par le fait de la livraison : le pollicitant aurait beau se repentir de son offre, elle le lierait dès qu'elle aurait reçu un commencement d'exécution (2). Par conséquent, si, après avoir livré la chose promise, il voulait la reprendre, il ne serait pas admis à exercer la revendication (3).

Et même si la chose était postérieurement revenue en ses mains, il ne pourrait se prévaloir de cette possession pour la retenir : car la cité, dès qu'elle a commencé à posséder la chose, a contre tout détenteur ultérieur le droit exclusif de le revendiquer (4).

En dehors de son obligation principale, qui est de livrer la chose promise, le pollicitant a-t-il d'autres obligations ? Non, en principe, car il est un donataire, et le donataire doit être traité avec faveur. Aussi sa dette, en principe, ne produit-elle pas d'intérêts ; elle ne commence à en porter que du jour où il est mis en demeure d'exécuter sa promesse (5). De même, il n'est pas tenu à la garantie du

1. *De poll.*, loi 13.

2. *Ejusmodi voluntates pœnitentia non revocari* (*De poll.*, loi 3, § 1).

3. *De poll.*, loi 3, § 1.

4. *Id., id.*

5. *De poll.*, loi 1, pr.

travail exécuté, du moins à la garantie pour cas fortuits : s'il a livré le travail promis, et qu'ensuite l'édifice vienne a être détruit par cas fortuit, il n'en sera pas déclaré responsable (1); mais il est probable qu'il devrait répondre des vices de construction provenant de son propre fait.

F. — *Sanctions de l'obligation du pollicitant.*

Si le promettant n'exécute pas de plein gré son obligation valablement contractée, il est hors de doute que la cité pourra l'y contraindre, par voie d'action.

Quelle sera l'action donnée? les textes sont muets sur ce point. Qui exercera l'action? Ce seront évidemment les représentants de la cité, mais lesquels? Un texte de Paul (2) dit que, si le débiteur refuse de s'exécuter, il sera poursuivi par les soins de certains « *actores constituti, qui legitime pro civitate agere possint* ». Mais qui sont ces « *actores* », c'est ce que nous ignorons. Sont-ce des mandataires spécialement nommés à cet effet? On peut le conjecturer du mot « *constituti* », qui leur est donné comme épithète. Sont-ce, au contraire, les magistrats ordinaires de la cité, comme il semblerait résulter de ce fait qu'Ulpien traite des pollicitations dans son livre consacré aux

---

1. *De poll.*, loi 1, § 6.
2. *De poll.*, loi 8.

fonctions du curateur de la cité (1)? Nous manquons d'éléments suffisants pour résoudre la question.

Supposons donc une instance engagée. Les représentants de la cité parviennent à prouver l'existence et la validité de la promesse. Le pollicitant sera donc condamné
à exécuter son offre, c'est-à-dire à payer l'argent ou à
exécuter le travail promis. S'il refuse encore d'exécuter
le jugement, on aura contre lui les moyens de contrainte
ordinaire. Dans une espèce particulière, les textes auto-
risent une sorte de saisie des immeubles du débiteur (2):
il s'agit d'un débiteur qui a été condamné à l'exil; ses biens
vont être vendus en détail, probablement au profit de ses
créanciers; la cité à laquelle il a fait une pollicitation
reconnue juridiquement valable, intervient pour réclamer
l'exécution de la promesse : les juges devront, décident
Marc-Aurèle et Vérus, interdire en sa faveur la vente
des biens du débiteur, sans doute afin de les lui allouer
comme représentant la valeur de sa créance.

En un mot donc, la créance de la cité contre le pollicitant est garantie par toutes les voies de droit ordinaires.

G. — *Extinction de l'obligation.*

Le mode normal d'extinction de l'obligation, c'est natu-

1. *De poll.*, loi 1 : « *Ulpianus, libro singulari de officio curato-*
ris ».

2. *De poll.*, loi 8.

rellement l'exécution de la promesse par celui qui en est l'auteur. Mais est-ce le seul? Nous avons déjà vu que, ni le retrait de l'offre, ni même le fait, par le débiteur, de rentrer en possession de la chose due et livrée, ne le libèrent de sa dette (1). Le débiteur ne serait pas non plus libéré par des faits postérieurs à son engagement, si ces faits n'ont trait qu'à sa personne, et non à ses biens : le pollicitant qui aurait été exilé à temps de la ville, n'en devrait pas moins, d'après un rescrit de Marc-Aurèle et de Vérus, exécuter sa promesse (2). Mais si la promesse faite imprudemment à une cité devait mettre, par son exécution, le débiteur dans la misère, la rigueur des principes fléchirait : un rescrit décide, en effet, que le débiteur, en ce cas, se libérerait valablement en faisant à la cité créancière l'abandon du cinquième de ses biens (3). Telle est la seule circonstance qui puisse, en dehors de l'exécution proprement dite de la promesse, libérer le débiteur lui-même ; mais il reste à chercher quelles circonstances peuvent éteindre l'obligation pour ses héritiers.

En principe, les héritiers sont tenus d'exécuter la promesse de leur auteur, dans les cas où lui-même en aurait été juridiquement tenu : car cette promesse est devenue une dette du patrimoine (4), et à ce titre elle grève ceux

1. *De poll.*, loi 3, § 1.
2. *De poll.*, loi 8.
3. *De poll.*, loi 9.
4. « *Aeris alieni loco habetur* ». *De poll.*, loi 6.

qui recueillent ce patrimoine. Mais naturellement cette
obligation ne pèse sur eux que si déjà elle pesait sur leur
auteur. Ainsi, dans le cas où la promesse aurait été faite
en raison d'un honneur, et où l'auteur de la promesse serait mort avant d'être entré en possession de la fonction
honorifique et avant d'avoir donné à sa promesse un commencement d'exécution, les héritiers ne seraient pas tenus,
parce que le défunt lui-même ne l'a jamais été (1).

Second principe : quand les héritiers sont tenus, ils
le sont dans la même mesure que leur auteur. Cela est
tout naturel, puisqu'ils représentent sa personne. Mais
cette règle n'est pourtant pas absolue. Il faut distinguer,
suivant la cause qui a validé la promesse et l'a rendue
civilement obligatoire (2). Ou bien la promesse était valable dès son origine parce qu'elle avait une juste cause, un
honneur décerné par exemple (les textes ne prévoient
même que l'hypothèse de l'honneur décerné ; mais il faudrait évidemment étendre ce qu'ils disent de ce cas aux
hypothèses où la promesse aurait une autre juste cause, par exemple une calamité publique), ou bien au
contraire la promesse, manquant de juste cause, n'é-
tait pas civilement obligatoire à l'origine, mais postérieurement elle a acquis ce caractère en recevant de son
auteur un commencement d'exécution. Eh bien, dans
le premier cas, on appliquera la règle sans dérogation ;

1. *De poll.*, loi 11. Voir plus haut, chap. III, 6.
2. *De poll.*, loi 6 ; loi 9 ; loi 14.

si la promesse avait une juste cause, l'héritier sera tenu intégralement de la dette, et ne pourra s'acquitter que par l'exécution complète : « *pollicitatio in heredum persona non minuitur* » (1); c'est du moins ce que disent les textes. Cependant nous croyons que l'on ne peut pas être plus dur pour l'héritier que pour l'auteur de la promesse lui-même, et qu'il faudrait par suite autoriser l'héritier, même si la promesse avait juste cause, à se libérer par l'abandon du cinquième de l'hérédité. La seule différence qu'il y aurait donc entre ce cas et le second cas que nous allons examiner, c'est que dans la première hypothèse, l'héritier du sang n'est pas mieux traité que l'héritier externe, tandis qu'il l'est, comme on va le voir, dans la seconde. — Ce second cas est celui où la promesse, faite au début sans juste cause, aurait été ultérieurement validée en recevant un commencement d'exécution. Dans ce cas, l'héritier reste toujours, en principe, tenu de l'intégralité de la dette. Mais, si les biens composant l'hérédité ne sont pas suffisants pour lui permettre de l'acquitter totalement, il pourra s'en décharger en faisant l'abandon d'une quote-part des biens héréditaires. Et, pour savoir quelle est cette quote-part, il faut sous-distinguer, suivant la qualité de l'héritier. L'héritier est-il un héritier externe? il ne pourra se libérer qu'en abandonnant le cinquième du patrimoine héréditaire, tout comme eût dû faire le défunt lui-même. Mais est-il au contraire un hériiter du sang, est-il un

1. *De poll.*, loi 6.

enfant du défunt, — et parmi les enfants Ulpien (1) nous apprend qu'un rescrit d'Antonin ordonne de compter aussi le petit-fils né de la fille du défunt? Alors, à raison de la faveur que mérite son titre, on lui permet exceptionnellement de se libérer de la dette contractée par son auteur, en abandonnant à la cité créancière seulement la dixième partie de la valeur des biens héréditaires (2). L'avantage fait à l'héritier du sang est donc double de celui qui compète et à l'auteur de la promesse lui-même, et à son héritier externe, en cas d'insolvabilité du patrimoine du promettant.

Résumons-nous : La cause normale par laquelle s'éteint l'obligation née de la promesse, c'est la livraison de la chose promise. En dehors de ce mode de libération il n'en existe qu'un autre : c'est l'abandon par le débiteur d'une portion de son avoir, au cas où cet avoir serait insuffisant pour payer la dette contractée. Cette portion est, pour le débiteur lui-même, du cinquième de son patrimoine ; et, pour ses héritiers, elle est du cinquième des biens héréditaires, sauf dans l'hypothèse où il s'agirait d'un héritier du sang et où la promesse, non obligatoire au début, n'aurait tiré sa validité que d'un commencement d'exécution : auquel cas la portion dont le débiteur doit faire abandon n'est plus que le dixième des biens héréditaires.

Telles sont les règles qui gouvernent la matière de la pol-

1. *De poll.*, loi 15.
2. *De poll.*, loi 9, et loi 14.

licitation, c'est-à-dire de la promesse faite à cet être collectif et purement moral qui se nomme la cité. Il ne nous
reste plus qu'une espèce à envisager : celle de la promesse
faite à ces autres personnes morales qui sont les diverses
Divinités.

CHAPITRE IV

DE LA PROMESSE FAITE A UN DIEU.

SOMMAIRE. — Théorie du vœu. — A. Envers qui le vœu est-il possible ? — B. Qui peut s'obliger par vœu? — C. A quelles conditions le vœu lie-t-il son auteur? — D. Du vœu conditionnel. — E. Effets du vœu. — F. Sanctions de l'obligation contractée. — G. Extinction de l'obligation.

Nous suivrons, dans l'étude de cette question, le même ordre que pour la question précédente, en faisant remarquer tout d'abord que la promesse faite aux Dieux porte le nom technique de *vœu* (*votum*).

A. — *Envers qui peut être fait un vœu ?*

Un vœu peut être adressé à tout être divin. Il n'est guère de divinité en l'honneur de laquelle les inscriptions ne nous révèlent quelque vœu. Dans les recueils d'inscription, on trouve côte à côte comme gratifiées de vœux, les anciennes divinités latines, les dieux du panthéon grec, les déités orientales (Cybèle, Mithra, etc.). On y rencontre même des vœux adressés à Silvain et aux Nymphes ; d'autres, au Génie d'une ville ou de l'empire ; d'autres, à la Paix ou à la

Concorde (1). Il est probable que les Mânes, participant au caractère divin, ont dû recevoir aussi fréquemment de semblables vœux ; mais nous avouons n'en pas connaître d'exemple.

B. — *Qui peut faire un vœu ?*

En principe, tout individu peut faire un vœu *religieusement valable*, car tous les hommes sont également sous la puissance des dieux, et tous doivent pouvoir les invoquer et leur attester leur reconnaissance. Mais le vœu ne sera *civilement valable*, c'est-à-dire n'obligera les biens de celui qui l'a émis, que si celui-ci avait la libre disposition de ses biens. De là, en cette matière, une règle fondamentale, que pose Ulpien, dans le seul texte du Digeste qui traite de la question du vœu (2) : « les pères de famille, pubères et maîtres de leurs droits, sont, dit-il, obligés par leurs vœux ; mais le fils et l'esclave ne peuvent s'obliger par leur vœu sans l'autorisation de leur père ou de leur maître. » Examinons les diverses conditions qui sont faites, d'après ce texte, aux auteurs de vœux :

1. Nous citerons, à titre d'exemple, la liste des Divinités envers qui nous trouvons des vœux rapportés dans le V⁰ volume du *Corpus inscriptionum latinarum* (Italie). Cette liste comprend ; 1⁰ Belenus ; 2⁰ Concordia ; 3⁰ Feronia ; 4⁰ Genium Albœ ; 5⁰ Deum Mater ; 6⁰ Mercurius ; 7⁰ Mithras ; 8⁰ Silvanus ; 9⁰ Venus ; 10⁰ Diana.

2. *De pollicitationibus*, loi 2, § 1.

1° Le fils de famille serait certainement obligé religieusement par son vœu, et, s'il ne l'exécutait pas, il encourrait la peine, toute spirituelle il est vrai, de la *violata religio*. Mais en principe le fils de famille n'a pas de biens à lui : sa promesse ne pourrait donc utilement s'exécuter, civilement, que sur les biens du père. Or, il ne doit pas pouvoir obliger son père sans le consentement de celui-ci. Voilà pourquoi l'autorisation du père (1) lui est nécessaire pour contracter un vœu civilement valable.

2° Nous en dirons exactement autant de l'esclave, qui peut religieusement s'obliger seul — car il est, tout aussi bien que l'homme libre, justicier des Dieux, et peut tout comme lui, devenir *impius* par un manquement à sa promesse, — mais qui ne peut civilement obliger son maître qu'avec l'adhésion de celui-ci.

3° La femme *in manu mariti* ou *in potestate patris* doit être encore traitée de même. La femme pubère et maîtresse de ses droits doit être traitée comme l'homme placé dans les mêmes conditions.

4° Le chef de famille impubère doit, probablement, obtenir l'autorisation de son tuteur pour pouvoir faire un vœu qui l'oblige civilement.

---

1. Le texte emploie le mot *auctoritas*, qui ne s'applique d'ordinaire qu'à l'autorisation du tuteur. Voir à ce sujet Alfred Pernice : *Labeo* (1873), p. 105-6 ; et les intéressants articles du même auteur dans : *Bulletin de l'Académie de Berlin*, 1885, p. 1149, et 1886, p. 1168.

5° Le chef de famille aliéné ne peut probablement s'obliger d'aucune façon pour un vœu. Car lui-même évidemment n'a aucune capacité pour cela ; et son tuteur ne peut pas davantage faire pour lui un vœu : ce droit lui est en effet formellement refusé par un texte de Marcellus, en vertu du principe que les pouvoirs du tuteur de l'aliéné ne s'étendent qu'aux actes d'administration, mais non aux actes d'aliénation (1).

6° Ainsi donc, comme le texte d'Ulpien le décide, il reste que seul peut s'obliger pleinement par son vœu le chef de famille pubère et possédant la jouissance et l'exercice de ses droits.

C. — *A quelles conditions le vœu est-il valable ?*

A la différence de la pollicitation, le vœu n'exige pas, pour sa validité, une juste cause ou un commencement d'exécution. Ou plutôt on peut dire qu'il est réputé être toujours fait avec juste cause, l'intention pieuse du gratifiant étant toujours chose louable.

Le vœu exige-t-il, d'autre part, des formes solennelles ? Nous savons que, dans les grandes circonstances, quand des vœux devaient être faits au nom de la République, le consul qui les prononçait s'en faisait d'abord réciter la

1. Digeste, livre XXVII, titre **X**, *de curatoribus furioso dandis*, loi 12.

formule par le grand pontife (1), afin qu'aucune parole de
mauvais augure ne se rencontrât sur ses lèvres. Peut-être
aussi les particuliers, dans le même but, recouraient-ils
parfois au ministère des pontifes. Mais ce n'étaient là,
en somme, que des faits exceptionnels : en principe, l'intervention des prêtres n'était pas exigée, et il ne semble
même pas qu'il y ait eu pour le vœu de formules solennelles, prescrites à peine d'impiété et d'inutilité du vœu ; tout
au moins aucune formule semblable ne nous est-elle connue (2).

Le vœu liait donc son auteur, semble-t-il, pourvu que
celui-ci fût capable, et sans conditions de forme, dès le
moment où il était prononcé. A cette règle cependant, il
faut faire une très notable exception. Le vœu, fort souvent,
était émis sous forme conditionnelle, et alors il ne devenait
obligatoire que du jour où la condition était réalisée. C'est
sur ce vœu conditionnel que nous devons insister quelque
peu.

D. — *Du vœu conditionnel.*

Les Romains, gens pratiques avant tout, et assez peu
généreux par nature, ne faisaient guère de libéralités gra-
tuites, même à leurs Dieux. La donation, et le vœu notam-

1. Livius, XXXVI, 2.

2. Les vœux étaient souvent écrits. On connaît des vœux gravés
sur des statues de Divinités. Mais évidemment ils n'avaient pas besoin d'être écrits pour être valables.

ment, avait le plus souvent chez eux le caractère de donation rémunératoire. On ne faisait un vœu aux Dieux qu'en
échange d'un service rendu, ou, plus souvent encore, dans
l'attente d'un service à rendre par eux. On leur promettait
un temple ou une offrande, à condition qu'ils procurassent
le salut, la santé, la victoire. On trouve nombre d'exemples de ces vœux chez les historiens romains. Sans parler
du vœu mythique de Romulus à Jupiter Stator, nous connaissons notamment, par Tite-Live, le serment d'Appius :
« Bellone, si tu nous donnes aujourd'hui la victoire, je te
voue un sanctuaire (1) » ; celui de Camille partant contre
Véies, et promettant « la dîme du butin qui serait prise
sur l'ennemi (2) » ; celui du consul qui promet, assisté du
grand pontife « à Jupiter, si la guerre contre Antiochus
réussit, de grands jeux pendant 10 jours (3) ». Virgile, ce
fidèle interprète des rites romains, nous a donné des exemples de vœux, en de beaux vers que toute traduction gâte-
rait : c'est Enée qui invoque la protection des Dieux pour
sa flotte :

> *Di, quibus imperium pelagi, quorum æquora curro,*
> *Vobis lœtus ego, candantem in littore taurum*
> *Constituam ante aras, voli reus, extaque lœta*
> *Porriciam in fluctus, et vina liquentia fundam* (4).

1. Livius, X, 19. Voir Brisson, *de formulis*, Lipsiœ, 1781, lib. I,
chap. 159-200.

2. Livius, V, 21.

3. Id., XXXVI, 2.

4. Virgil. Aeneid., V, 235.

C'est **Ascagne** qui leur demande la victoire pour ses armes :

> *Jupiter omnipotens, audacibus annue cœptis :*
> *Ipse tibi ad tua templa feram solemnia dona ;*
> *Et statuam ante aras aurata fronte juvencum*
> *Candentem, pariterque caput cum matre ferentem* (1).

La magnificence de la forme ne peut nous empêcher de relever ce qu'il a y d'intéressé dans l'intention : les promesses d'Enée, pas plus que celles d'Ascagne, ne sont spontanées ; toutes ont pour but d'obtenir des Dieux quelque faveur, dont elles ne doivent être que le prix : si le Dieu n'exauce pas la demande qu'on lui adresse, le promettant ne devra rien. Sa promesse n'est même pas valable sous condition résolutoire, elle n'est formulée que sous condition suspensive. Le héros entend traiter avec le Dieu, et, comme il ne serait pas bien sûr d'être exaucé après le sacrifice accompli, il attend prudemment, pour tenir sa promesse, que l'autre partie se soit exécutée la première.

Le témoignage des inscriptions n'est pas moins formel. A vrai dire, il est parfois plus difficile à interpréter. Quand un particulier voue un temple à Esculape « *pro valetudine sua* », ou bien à Jupiter « *pro salute imperatoris* », il est difficile de savoir s'il s'agit d'un don fait spontanément en remerciement d'un bienfait reçu, ou s'il s'agit simplement de l'exécution d'une promesse faite à l'heure du danger et

1. *Id.*, IX, 625.

acceptée par le Dieu. Mais nous inclinerions pour le second sens, car nous trouvons, dans les auteurs, nombre d'autres expressions analogues où ce sens s'impose : par exemple, c'est le sénat qui, pendant une peste, voue un temple à Apollon « *pro valetudine populi* (1) » ou bien c'est un père qui fait des vœux « pour le retour d'un fils longuement attendu (2) ». De sorte qu'en somme les vœux que nous connaissons nous apparaissent comme étant dans la majorité des cas, des vœux conditionnels.

Nous ne voulons pas nier qu'il n'ait pu y avoir aussi des vœux spontanément offerts, sans espoir de retour, par exemple en récompense d'un service spécial que le bénéficiaire n'avait point sollicité, ou pour simple reconnaissance d'un heureux état de choses général ; et notamment nous serions assez disposé à considérer comme tel le vœu (3) : « *pro beatitudine temporum felicitateque publici status imperii* », et, avec plus de certitude encore, cette gracieuse dédicace (4) d'une petite chapelle rustique : « *Nymphis, quod sœpius usus sum hoc fonte, œdicula facta* ». Mais ce sont là, croyons-nous, de simples exceptions, et il nous paraît extrêmement probable que le vœu conditionnel est,

1. Liv., IV, 25.

2. Nombreux exemples dans les poètes comiques. Notons que le même mot « *pro* » semble souvent avoir encore un troisième sens, celui de « à la place de » ; ainsi un fils accomplit un vœu « *pro patre* » ; cela paraît signifier « à la place de son père, mort ou empêché ».

3. Rapporté dans le *Corpus inser. lat.*, tome X.

4. *Corpus*, tome XII.

à Rome, la forme principale et usuelle de la promesse faite aux Dieux.

Nous arrivons aux effets civils produits par cette promesse.

E. — *Effets de la promesse.*

Fait par une personne capable, le vœu le lie immédiatement (tant au point de vue civil qu'au point de vue religieux) s'il est pur et simple. Mais, s'il est fait conditionnellement, il ne lie le promettan qu'au cas où il est agréé par le dieu, et où celui-ci rend le service qui lui était demandé. Si la divinité accepte les vœux, ceux-ci sont alors considérés comme « *rata* »; dans le cas contraire, on les dit « *irrita* » on « *caduca* ». Seuls, les « *rata vota* » obligent leur auteur. Mais alors, dès que le promettant a obtenu ce qu'il demandait, dès qu'il est « *voti compos* » il devient par là même « *voti reus, voti damnatus* (1). » On le voit, l'obligation qui résulte du vœu est désignée par les mots mêmes qui servent à désigner

1. Ces deux mots ont un même sens : « lié par le vœu ». On soutiendrait inutilement que le *voti reus* est simplement le débiteur obligé par le vœu, tandis que le *voti damnatus* est celui qui se refuse à l'exécuter, en s'appuyant sur un passage de Macrobe (Saturnales. 3, 2, 6) : « *reus vocatur, qui suscepto voto numinibus se obligat; damnatus autem, qui promissa vota non solvit* ». En réalité, dans ce passage le verbe « *solvit* » est au parfait, et veut dire seulement : celui qui n'a pas payé encore sa dette, c'est-à-dire celui qui est encore obligé par le vœu.

l'obligation née d'un contrat. Et cela est tout naturel quand le vœu a été fait conditionnellement : car il est alors intervenu entre le promettant et le dieu une sorte de contrat, et la dette peut être fort logiquement assimilée à la dette née d'une convention. L'emploi général de ces mots « *reus, damnatus* » montre même qu'aux yeux desRo mains c'est le vœu conditionnel qui est le plus fréquent ; ce qui vient à l'appui de ce que nous disions tout à l'heure en ce sens. — Et de même, les expressions employées pour désigner l'acte par lequel on s'acquitte du vœu sont celles qui désignent l'acte par lequel on s'acquitte d'une dette contractuelle : on dit « *solvere, reddere votum* » comme on dit « *solvere, reddere creditam pecuniam* ». En un mot donc, l'effet de la promesse valable, et acceptée par les Dieux, est le même que l'effet d'un contrat ordinaire, du moins en ce qui touche les obligations mises à la charge du promettant.

Mais naturellement cet effet n'est pas plus étendu que celui d'un contrat. C'est une règle romaine, que la propriété n'est pas transférée par le seul effet de la convention, mais qu'il faut, en outre, pour opérer ce transfert, une tradition réelle. Cette règle s'appliquera donc au cas de vœu comme au cas de contrat. L'auteur du vœu sera tenu d'une obligation personnelle de livrer la chose promise, mais cette chose ne cessera d'être dans son patrimoine que quand il en aura fait la consécration aux Dieux : la simple promesse, même suivie de l'accomplissement de la condition à laquelle son exigibilité était subordonnée, n'emportera pas transfert de la propriété au profit des Dieux (1). Donc, à ce point de vue encore, l'engagement unilatéral du promettant doit être rapproché d'un véritable contrat, puisque l'effet fondamental des deux obligations est le même.

F. — *Sanction de l'obligation.*

La promesse a une double sanction : sanction religieuse et sanction civile. La sanction religieuse semble avoir existé seule au début. Celui qui n'accomplissait pas son vœu quand il eût dû le faire, était par là même *impius :* cela n'entraînait pour lui, sans doute, aucune condamnation pécuniaire, mais les pontifes pouvaient l'écarter des cérémonies religieuses, le décri populaire s'attachait à lui, et peut-être les censeurs pouvaient-ils le rayer du sénat ou de son ordre pour indignité. L'impie ne pouvait, semble-t-il, se laver de sa souillure que par un sacrifice expiatoire. Son indignité, tenant exclusivement à son fait personnel, ne passait pas à ses héritiers. Mais, en revanche, ceux-ci ne pouvaient probablement pas laver la mémoire de leur auteur par le simple accomplissement du vœu : ils devaient d'abord accomplir le vœu (2) mais il leur fallait aussi sans doute procéder au sacrifice expiatoire.

1. Digeste, de *pollicitationibus,* loi 2, pr. « *voto res sacra non efficitur* »; et § 2. « *decima non prius in bonis esse desinit, quam fuerit separata* ».

2. De là les vœux accomplis avec cette formule « *suscepta fide ex orco* » *(Corpus,* III, 3624).

La sanction religieuse, qui dut être très efficace au début, étant donnés les sentiments des anciens Romains, perdit peu à peu de sa force, et finit par n'être plus, sous l'Empire, qu'un souvenir du passé. Il est vrai qu'elle dut reprendre plus tard une importance considérable, avec le triomphe du christianisme, qui s'appropria l'ancienne théorie pontificale du vœu pour en faire une théorie du droit canonique. Nous ne suivrons pas la sanction religieuse dans cette nouvelle phase de son histoire. — Mais, ce que nous devons constater ici, c'est que, au moment même où cette sanction perdait de son influence, une autre sanction, la sanction civile, tendait à s'établir à côté d'elle, pour la fortifier d'abord, pour la remplacer dans la suite.

On comprit à Rome, en effet, que, si on voulait conserver au vœu quelque valeur il fallait lui donner une sanction civile. Déjà Cicéron, dans son *Traité des Lois*, qui est, à la vérité, plutôt un traité de législation idéale qu'un recueil des véritables règles romaines, écrivait en parlant des vœux :

« *Caute vota reddunto ; pœna violati juris esto ;... diligentiam votorum satis in lege dictum est.... ac votis sponsio qua obligamur Deo ; pœna vero violati juris recusationem non habet* (1). »

Nous ne savons pourtant si, dès l'époque de Cicéron, ces idées sur la nécessité d'une sanction civile du vœu passèrent dans la législation positive. Ce qui est certain, c'est que nous les trouvons consacrées dans le droit de l'époque im-

1. *De legibus*, n. 22 et 47.

périale. Il nous paraît vraisemblable qu'elles y ont été introduites à la suite des réformes faites par Auguste pour
ranimer l'ancienne religion et rendre quelque vigueur au
vieux droit sacré. Quoi qu'il en soit, la décision ne fait plus
doute au temps des jurisconsultes classiques. Dans le seul
texte que nous possédions sur la matière, Ulpien déclare
formellement que « le vœu oblige son auteur (1), » ce qui
doit s'entendre, évidemment, d'une obligation civile ; et il
ajoute que « il est certain que l'obligation passe aux héritiers (2). » Il est donc bien avéré que, à l'époque des Sévè-
res tout au moins, et peut-être déjà sous leurs prédéces-
seurs, le vœu est sanctionné par la loi civile. — Comment
l'était-il ? par voie d'action évidemment. Mais quelle était
cette action, et à qui était-elle donnée, nous l'ignorons. Probablement c'était aux prêtres du Dieu à qui le vœu avait
été fait, que l'action était accordée. Mais peut-être aussi les
magistrats pouvaient-ils se saisir directement de la cause,
sans qu'aucune action eût été intentée, et condamner directement le promettant à s'exécuter : telle avait dû, en effet,
être primitivement le rôle du censeur, au temps où le vœu
n'avait encore qu'une sanction religieuse, et il est possible
que ses successeurs eussent conservé cette attribution ; mais
ce n'est là qu'une pure conjecture, et en l'absence de textes, rien de certain ne peut être dit sur la question. — Enfin
quels étaient les moyens d'exécution qui s'appliquaient ici ?

1. *De poll.*, loi 2, pr.
2. *De poll.*, loi 2, § 2.

Nous devons supposer, toujours dans le silence des textes, que c'était le droit commun qui régissait cette matière. Ceci nous amène à traiter en dernier lieu, de la libération du débiteur et de l'extinction de l'obligation.

G. — *Extinction de l'obligation.*

Nous ne trouvons rien, dans la matière du vœu, qui nous permette de croire que le débiteur ou ses héritiers étaient libérés, comme en matière de pollicitation, par l'abandon d'une partie de leur patrimoine au cas où l'accomplissement de la promesse les aurait ruinés. Il faut donc penser que le seul mode d'extinction du vœu était l'exécution intégrale de la promesse.

Cette promesse devait probablement, comme celle qui était faite aux cités, s'exécuter selon les termes mêmes suivant lesquels elle avait été faite. Si l'on avait voué une somme d'argent ou une part de butin, on devait la remettre au trésor du Dieu; si on avait voué un temple, on devait le construire. Mais il ne suffisait pas de construire le temple, il fallait encore, pour que la promesse fût totalement accomplie, le *dédier*. Nous allons examiner successivement les formes de cette nouvelle solennité et ses effets.

La *dicatio*, qui est le mode d'accomplissement du *votum*, peut sans doute se faire, comme lui, sans forme solennelle. Seulement, chaque fois qu'elle avait quelque importance, elle revêtait l'aspect d'une solennité.

On a des exemples de consécration faites soit par les

cités, soit par de riches particuliers, et on y trouve employé un rituel, toujours le même. L'opération semble comprendre quatre parties.

1° *Des cérémonies accessoires :* un feu brûlait devant l'édifice consacré, un joueur de flûte y faisait entendre des airs traditionnels, on récitait des prières pendant un certain temps (1).

2° *La prononciation de la formule de consécration :* un pontife la récitait, et l'auteur du vœu la répétait après lui, en tendant les mains vers le ciel (2) : il déclarait qu'il donnait la chose de bon gré (*do, dico, restituo, sacro,* etc.), en paiement de sa promesse (*solvere, reddere votum*), au Dieu qui, par le bienfait rendu, l'avait bien méritée. D'où la formule célèbre : « *vota solvere libens merito* », formule qui marque bien que, dans l'intention du consacrant, c'est moins un don fait à Dieu que l'exécution d'une véritable obligation de droit et le paiement d'une dette civile dont il entend s'acquitter.

3° *Une prise de possession du temple, au nom de la Divinité, par le pontife :* c'est du moins ainsi que nous croyons devoir interpréter le geste du pontife, étendant les bras pour embrasser la surface du temple, et en tenant les portes comme pour s'en affirmer le maître (3). On peut y

1. Cicéron, *pro domo sua*, 47.

2. Livius, XXXI, 9; X, 36; XXX, 21.

3. Livius, II, 8. — Seneca, *Consolat ad Marciam*, 13. — Isidor., Origin., VI, 19. — Voir Brisson, lib. I, 191-192.

voir symboliquement l'acte du Dieu acceptant la consécration : le promettant ayant exécuté son obligation, l'autre partie se déclare satisfaite et le tient dès lors pour libéré.

4° Enfin, après ces deux éléments essentiels de la cérémonie (paroles du consacrant, et prise de possession par le prêtre), vient une autre formalité annexe, la *constatation de l'acte par une inscription*, faite sur l'objet consacré lui-même. C'est cette constatation que nous retrouvons dans les monuments épigraphiques. On y mentionnait d'ordinaire le nom du promettant, le Dieu qui avait reçu la promesse, la condition du vœu et sa réalisation, ou simplement la cause du vœu s'il était pur et simple, enfin l'accomplissement même de la promesse par la consécration de l'édifice. Mais souvent il y avait encore d'autres mentions : par exemple, on marquait que la consécration était faite :

α) Pour soi-même et pour sa famille, ou bien pour telle personne chère (1), probablement décédée ;

β) Avec l'argent de qui on avait fait l'édifice (2) ;

γ) dans quelle condition sociale était le consacrant au jour de la promesse et au jour de la consécration ; ceci est surtout fréquent pour les affranchis, qui ont fait un vœu

1. Exemples : vœu fait par une affranchie pour son patron (*Corpus*, tome XII, 3042), par un patron pour son affranchi (*id.* 1002), par un père pour son fils (*id.* 1161), par un fils pour son père (*id.* 662).

2. « *Genio... signum et basim de suo posuit* » (inscription de Rome, citée par Brisson, chap. 198).

en servitude, et qui l'exécutent en liberté : l'expression
usitée en ce cas est celle-ci « *servus vovit, liber solvit* (1) ».

Tel sont les principaux éléments de forme qui entrent
dans la consécration. Voyons-en maintenant les effets.

La chose vouée, par le seul fait de sa consécration, devient *res divini juris :* c'est-à-dire que, d'un côté, elle devient
la propriété du Dieu auquel elle a été offerte, et que, de
l'autre, elle sort du commerce des hommes. Telle est du
moins la règle pour les offrandes en argent et en nature,
et pour les temples destinés au culte public. Mais il n'en
est plus tout à fait de même pour certains édifices religieux de moindre importance. Une chapelle, par exemple,
ou une colonne votive, élevées dans une propriété privée,
ne cessent pas d'appartenir à celui qui les a construites, si
le sol sur lequel elles sont bâties lui appartient également.
Elles font donc partie du domaine dans lequel elles sont
placées, et elles passent à ses acquéreurs successifs. Seulement, entre ces diverses mains, elles gardent un caractère sacré : elles ne peuvent être détournées, sans impiété,
de leur destination religieuse. Elles ne sont donc *extra
commercium* que d'une façon relative : elles le sont relativement au Dieu, qui conserve sur elles un droit indélébile ;
elles ne le sont pas relativement aux hommes, qui peuvent
en hériter, en acheter, ou en prescrire la possession (2).

---

1. *Corpus* i. l., tome XII, 1081.

2. Nous avons, de cette situation spéciale, un remarquable exemple,
dans une lettre de Cicéron (*Ad Atticum*, 12, 18, 1) écrivant, à propos

De toute façon, que la chose consacrée devienne totalement la propriété du Dieu ou qu'elle le devienne seulement d'une façon relative, le fait de sa consécration lui enlève, ou toute sa valeur, ou une grande partie de sa valeur, dans le commerce des hommes : puisque, dans le premier cas, elle n'est plus susceptible d'aucune appropriation individuelle, et que, dans le second cas, si un homme peut encore la posséder, il n'est plus maître, du moins, d'en disposer à sa guise. Aussi devait-on exiger que pour pouvoir consacrer une chose, on en eût la propriété entière et incontestée. De là une décision de Gaïus, qui semble reprendre une décision de la loi des XII Tables, d'après laquelle il n'est pas permis à celui qui possède une chose de la consacrer au cours d'une instance où on la revendique contre lui (1). Décision qui peut être contraire à l'intérêt des dieux ou de leurs représentants, mais qui s'explique et qui se justifie fort bien par des considérations d'équité humaine.

Voilà, d'après les textes trop courts que nous possédons sur la matière, quels ont dû être les caractères de l'obliga-

---

du monument qu'il venait d'élever à la mémoire de sa fille Tullia : « *Ineunda nobis ratio est, quemadmodum in omni mutatione dominorum.... illud quasi consecratum remanere possit* ».

1. Digeste, livre XLIV, titre V, loi 3; Gaïus, *in libro VI ad legem XII tabularum* « *rem de qua controversia est, prohibemur in sacrum dedicare; alioquin dupli pœnam patimur, nec immerito ; ne liceat eo modo duriorem adversarii causam facere* ».

tion née d'un vœu, c'est-à-dire d'un engagement pris envers une Divinité. Il nous restera, en comparant cet engagement à celui de la pollicitation, à dégager le véritable caractère, à préciser la nature et la portée de ces institutions juridiques.

CHAPITRE V

VRAIE PORTÉE DE CES EXCEPTIONS AUX PRINCIPES.

OMMAIRE. — La pollicitation et le vœu sont bien des cas où la déclaration unilatérale de volonté suffit pour obliger. Mais le principe romain, qui exige un concours de volontés pour la formation des obligations licites, n'en subit point une sérieuse atteinte.

Reprenant rapidement les quatre cas, étudiés plus haut, dans lesquels un individu semble pouvoir être obligé par la seule manifestation de sa volonté, nous devons chercher en quel sens et dans quelle mesure ils constituent une exception au principe contraire admis par le droit romain.

La promesse à personne indéterminée, tout d'abord, ne saurait fournir aucun argument, puisqu'il n'est pas prouvé qu'elle ait jamais été sanctionnée par une action, c'est-à-dire qu'elle ait jamais créé d'obligation civile.

La stipulation pour autrui a fini, dans le dernier état de droit, par donner action au tiers bénéficiaire. Mais l'obligation du promettant envers ce tiers n'a jamais cessé de reposer, au moins logiquement, sur l'obligation *contractuelle* prise par lui envers le stipulant. Donc ici, si sa déclaration unilatérale de volonté le lie à l'égard du tiers, ce n'est que parce qu'elle s'appuie sur un contrat. On ne saurait donc dire que cette déclaration *seule* a été ici suffisante pour engendrer une obligation.

Dans les deux cas de la pollicitation et du vœu, au contraire, il semble que le principe de l'obligation réside dans une simple déclaration de volonté unilatérale. On l'a contesté cependant. D'ingénieux interprètes, MM. Brinz et Pernice entre autres, ont indiqué que le vœu pourrait bien n'être qu'un « contrat avec les dieux ». Mais les raisons que l'on peut donner en faveur de cette thèse, après nous avoir séduit tout d'abord, nous semblent maintenant insuffisantes. Qu'allègue-t-on, en effet ? On invoque ce fait que les termes employés pour désigner l'obligation née du vœu (*vota rata, voti reus, votum reddere*, etc.) sont les termes mêmes par lesquels la langue juridique des Romains désigne l'obligation née d'un contrat. Cela est exact, mais ne prouve rien. Car, les obligations contractuelles étant les plus fréquentes, les Romains ont dû nécessairement étendre les termes par lesquels ils les désignaient à toutes les obligations, celles-ci fussent-elles, par leur origine, fort différentes des premières. — Mais on allègue en outre que l'homme qui a fait un vœu n'est obligé qu'au cas où le dieu lui a rendu le service imploré : et dans cet acte du dieu on veut voir une acceptation de l'offre du promettant. Nous ne croyons pas que ce soit parfaitement exact : le fait que la prière a été exaucée, nous semble être seulement la condition sous laquelle le promettant est tenu, et non pas la cause même de son obligation (comme elle le serait, s'il fallait y voir la marque du consentement de l'autre partie). Autrement on ne s'expliquerait pas l'existence des vœux inconditionnels, dont nous avons relevé des exemples. — Et à supposer même que le vœu intéressé soit un vrai contrat avec les dieux, le vœu de pure reconnaissance ne saurait être qu'une déclaration de volonté unilatérale. Or, on ne peut lui reconnaître un moindre effet juridique qu'au premier, le seul texte que nous ayions sur la matière ne faisant entre eux aucune distinction (1). Qu'en conclure sinon que la seule volonté de celui qui fait le vœu peut suffire à l'obliger? — Et comme il ne peut être contesté, en matière de pollicitation, que là aussi la manifestation de volonté produit à elle seule l'obligation, nous devrons dire que dans ces deux cas il y a engagement créé par une simple déclaration de celui qui entend s'engager.

Mais de ces deux cas n'essayons pas de tirer une théorie générale. Il reste bien évident, en effet, que la pollicitation et le vœu ne sont que des formes exceptionnelles, relativement peu fréquentes, d'engagements. — Et non seulement ce sont des institutions d'un développement en somme restreint, mais ce sont des institutions qui n'ont apparu que tardivement dans la formation de la législation romaine. Aucun texte ne nous autorise à penser que la pollicitation fût, avant l'établissement de l'Empire, considérée comme productrice d'effets civils, et nous avons déjà vu qu'il en était de même pour le

---

1. *De poll.*, loi 2.

vœu. — Enfin, ce sont des institutions qui n'appartien-
nent ni l'une ni l'autre au droit civil proprement dit,
au droit privé : la pollicitation est une institution du droit
public, le vœu est une institution du droit sacré (1). Or,
comme on le sait, les règles du droit privé ne s'appliquent
pas au droit public ni au droit sacré, mais réciproquement les règles du droit public et du droit sacré ne peuvent être considérées comme s'étendant au droit privé.
Aussi la pollicitation et le vœu ne sauraient-ils nullement
servir de base à une théorie de l'engagement unilatéral
généralisée, qu'on prétendrait appliquer au droit privé
comme au droit public et sacré. De ce fait que l'engagement unilatéral a pu par exception produire effet en droit
public ou sacré, on ne saurait évidemment être autorisé à

1. Il nous a paru curieux de remarquer que ces deux dérogations
à la règle du droit commun qui ne fait produire effet à la donation
que quand elle est acceptée, ont été introduites toutes deux en
faveur de personnes morales, cités ou Dieux. Ainsi, tandis que le
droit français semble voir avec une certaine défiance les acquisitions faites par ces personnes morales, puisqu'il soumet à la nécessité d'une autorisation l'acceptation des dons et legs par les com-
munes et par les établissements religieux, — le droit romain au contraire les voit avec une faveur évidente, puisqu'il permet à ces
personnes d'acquérir même sans acceptation expresse. D'un côté
donc, acceptation soumise à la nécessité d'une autorisation gouverne-
mentale ; de l'autre, dispense d'acceptation ; voilà qui paraît mettre
entre les deux législations, nous dirons même entre les deux systèmes de gouvernement, une opposition bien tranchée.

conclure qu'il produisait normalement effet en droit privé.

Le principe qu'une obligation licite ne peut résulter que d'un contrat, ne subit donc pas, du chef des institutions que nous avons étudiées, une bien sérieuse atteinte au droit romain. Ce qui est vrai seulement, c'est que sous la pression de besoins pratiques, ce droit dût en arriver sous l'empire à dispenser dans certains cas l'offre d'acceptation et à lui faire produire effet par elle-même. Il le fit en faveur des personnes physiques (stipulation pour autrui) ou des personnes morales (pollicitation, vœu) qui n'avaient pu réellement accepter. On peut voir là une tendance de la législation romaine, dans son dernier état; on n'y saurait voir encore un mouvement général destiné à renverser la règle ancienne qui exigeait, pour la formation d'une obligation, un concours de volontés. Pour trouver un semblable mouvement, il faut passer d'un bond à l'époque contemporaine.

SECONDE PARTIE

DROIT FRANÇAIS

CHAPITRE PREMIER

LA THÉORIE DE L'ENGAGEMENT
PAR DÉCLARATION DE VOLONTÉ UNILATÉRALE.

Sommaire. — Histoire de la théorie. Origines romaines, canoniques, germaniques. Véritable origine : besoins de la pratique. — Exposé général de la théorie.

Quatre institutions juridiques romaines pouvaient être comme nous l'avons vu, rattachées à une idée, d'engagement unilatéral : c'étaient la stipulation pour autrui (dans les cas où elle était exceptionnellement admise), la promesse de récompense, la pollicitation ou promesse à une cité, le vœu ou promesse aux dieux. De ces quatre-institutions, les deux premières ont été conservées par le droit moderne, mais en se développant et en s'altérant profondément. Une autre, le vœu, s'est conservée dans le droit canonique et a été transmise par lui aux législations actuelles. En France, sans doute, elle n'a pas trouvé place dans nos Codes, non plus que la *pollicitation* romaine; et la promesse faite aux établissements publics, tout comme aux œuvres pieuses, n'a plus chez nous aucune force obligatoire par elle-même. Mais, en Allemagne, le vœu et la pollicitation se sont en quelque sorte fondus dans la « promesse de fondation », que le Projet de Code civil propose de considérer comme liant civilement son auteur. La persistance de ces diverses institutions dans le droit germanique peut, dans une certaine mesure, nous aider à comprendre ce fait que la théorie nouvelle est née et s'est développée principalement en Allemagne.

Une autre influence qui vint, en ce même pays, se joindre dans le même sens à celle du droit romain restauré, ou qui même, plus exactement, l'y précéda, ce fut celle des antiques traditions barbares. Dans les principales lois des Germains, nous trouvons en effet certaines institutions qui semblent impliquer quelque chose d'assez voisin de l'engagement unilatéral (1) : tout au moins y constatons-nous que, contrairement à la règle romaine, un même débiteur pouvait s'engager envers plusieurs personnes par un seul acte, alors qu'il n'avait en face de lui qu'un seul créancier, représentant tous les autres, le *salmann*. Il y avait là, évidemment, le germe d'une conception de l'engagement civil plus large que la conception romaine. Et quand des jurisconsultes allemands voudront édifier une théorie de l'engagement par déclaration unilatérale de

1. Voir les recherches de Brunner sur l'histoire des titres au porteur, résumées dans la première partie de l'ouvrage de Wahl. *Traité théorique et pratique des titres au porteur*, Paris, 1891.

volonté, ils ne manqueront pas de rappeler, en y insistant avec complaisance, ces précédents tirés de leur antique droit national (1).

Mais il faudrait se garder de croire que dans ces legs du passé se trouve la véritable origine de la théorie nouvelle. Cette origine doit être cherchée dans les besoins de la pratique actuelle, et rien de plus. La pratique, en effet, et notamment la pratique commerciale, semble exiger aujourd'hui qu'on élargisse les antiques idées romaines sur la formation des obligations. Le droit romain voyait dans l'obligation un lien tout personnel aux contractants ; si bien qu'à l'origine il n'admettait pas la possibilité pour le créancier de céder son titre, et qu'il ne lui donnait, pour toute garantie, que des moyens d'exécution sur la personne même de son débiteur. Sans doute, le droit romain lui-même, dans sa dernière période, finit par rejeter ces conséquences trop rigoureuses de son principe primitif ; mais le principe lui-même, le principe de personnalité des relations contractuelles, ne disparut pas. Or c'est ce principe même que semblent aujourd'hui battre en brèche les nécessités sociales.

La pratique exige, en effet, que, dans la convention qu'ils concluent, le stipulant et le promettant puissent faire naître un droit direct au profit d'une tierce personne qui n'a pas été partie au contrat : c'est le cas de la stipu-

---

1. **Kuntze,** *die Lehre von den Inhaberpapieren,* I, § 1511. Siegel, *das Versprechen als Verpflichtungsgrund* (Vienne, 1874).

lation pour autrui, et aussi, comme nous le montrerons, le cas du contrat d'assurance sur la vie au profit d'un tiers déterminé, et le cas du titre au porteur. La pratique va plus loin : elle paraît exiger qu'on puisse, sans convention et par sa seule volonté, s'obliger, par l'émission d'un titre, envers tout individu, fût-il indéterminé au moment où l'on s'oblige, qui se trouvera porteur de ce titre : c'est le cas du titre au porteur. Bien plus, elle paraît exiger même qu'on puisse s'obliger, toujours par sa seule volonté, non plus même envers une personne indéterminée, mais envers une chose, envers une œuvre : tel est le cas de la promesse de fondation. Or, quand les besoins sociaux exigent la validité juridique d'un acte, cette validité finit toujours par être admise par la jurisprudence, et alors elle passe, plus ou moins lentement, dans la doctrine. L'institution créée, les juristes essaient d'en rendre compte en en construisant la théorie. — Et ce n'est même, en somme, que de cette façon que le droit peut se construire: croire qu'il a été formé tout d'une pièce, par une série de déductions logiquement tirées de quelques principes *a priori*, croire qu'il est sorti tout entier du cerveau des jurisconsultes, ce serait la plus bizarre des erreurs ; le droit n'est que la constatation et la systématisation progressive des décisions qu'inspirent les besoins sociaux ; et ce qui fait à vrai dire toute sa force, c'est justement qu'il est issu, non des discussions des prudents, mais des nécessités de l'existence et de l'esprit collectif des peuples. — Pour en revenir à notre théorie, voici donc son origine. Quand les besoins journa-

liers eurent fait admettre un certain nombre de décisions
permettant en certains cas à un débiteur de s'engager
directement envers un créancier autre qu'un co-contrac-
tant, les juristes (1) essayèrent de coordonner ces décisions
et d'en donner une explication théorique. Ils leur trouvè-
rent des précédents dans les institutions romaines et germaniques que nous avons rappelées plus haut. Et, ce qui
vaut mieux encore, ils leur découvrirent un fondement
rationnel dans cette idée que chacun de nous peut être
obligé par sa volonté, et seulement par sa volonté. Cette
idée, ils l'appliquèrent d'abord, tout naturellement, aux
cas où la pratique venait d'en réclamer l'application ;
mais peu à peu aussi ils songèrent à l'étendre et à en faire
le principe de toute une théorie de l'obligation, peut-être de
toute une théorie du droit. Nous examinerons dans les pro-
chains chapitres les principales applications qu'on peut faire
de cette idée. Mais nous devons dès maintenant formuler
brièvement les plus essentielles, pour donner, avant tout
examen de détail, un énoncé de l'ensemble de la théorie.

I. — Modeste tout d'abord, la théorie ne prétend pas au
début nier que, en principe, les obligations licites dérivent
essentiellement des contrats. Elle fait remarquer seulement
que cette règle ne peut être considérée comme absolue,
qu'il est des cas où il faut bien admettre qu'un engagement

---

1. Ce sont MM. Kuntze et Siegel qui sont les principaux promo-
teurs de cette théorie. Mais on verra par les noms cités au cours de
cette étude qu'ils sont loin d'être les seuls.

ait pu naître d'une simple déclaration unilatérale de volonté. Quels sont ces cas?

On trouve tout d'abord la stipulation pour autrui. Ici, en effet, dit-on, le promettant s'engage, d'abord sans doute envers le stipulant, mais aussi envers le tiers bénéficiaire : or ce tiers n'a pas été partie du contrat intervenu entre le stipulant et le promettant, sa volonté n'a pas concouru avec celle du promettant; c'est donc que le promettant n'est lié envers lui que par une manifestation de volonté purement unilatérale.

Cela admis, remarquons les très nombreuses applications dont est susceptible la stipulation pour autrui. Faite à titre onéreux, elle sert à réaliser une délégation, elle intervient dans les contrats de transport, de remploi, etc. Faite à titre gratuit, elle sert à réaliser des donations, elle explique le mécanisme juridique de l'assurance sur la vie contractée au profit d'un tiers déterminé; bien mieux, elle explique celui du titre à ordre Car que font le souscripteur de l'assurance et le preneur du titre à ordre, si ce n'est stipuler, l'un pour le bénéficiaire de la police, l'autre pour les endosseurs ultérieurs du titre? Nous examinerons plus tard ce que valent ces conceptions; contentons-nous ici de les signaler dans leur rapport avec la théorie que nous étudions.

Dans les cas que nous venons de voir, il y avait sans doute engagement unilatéral, mais du moins accompagné d'un contrat: le contrat passé par le promettant avec celui qui stipulait pour autrui. Mais le promettant peut même s'engager sans contrat avec qui que ce soit; il le peut, soit au profit d'une chose — et c'est la promesse de fondation; soit au profit d'une personne indéterminée, du porteur de son engagement — et c'est le titre au porteur; soit au profit d'une personne qui peut être déterminée ou indéterminée, — et c'est l'offre de vente, d'achat, ou de récompense. — L'offre crée même, dit-on, deux obligations à la charge de celui qui l'a émise: celle de faire honneur à sa parole, en ne la retirant pas dans un délai fixé; et celle de tenir son engagement, en s'exécutant dès que l'autre partie a accepté; c'est M. Siegel qui a formulé le premier cette ingénieuse et subtile distinction. — Tels sont, en somme, les principaux cas où une manifestation unilatérale paraît engendrer une obligation.

II. — Mais le dernier exemple que nous avons cité, celui de l'offre, nous mène à une conception plus large. Car l'offre ne se trouve pas seulement dans les obligations nées d'une déclaration unilatérale, elle se trouve aussi dans les contrats. Qu'est-ce en effet qu'un contrat, si ce n'est une offre et une acceptation?

Et ceci nous met sur la voie d'une généralisation de la théorie. S'il est admis, que la volonté unilatérale puisse produire effet par elle seule, il faudra dire qu'elle ne cesse pas de le produire par cela seul qu'elle concourt avec une autre volonté. Aussi, ce qui dans un contrat nous apparaîtra comme essentiel, ce n'est plus la rencontre et l'échange des volontés, c'est chacune de ces volontés considérée isolément. Car chacune d'elles a son effet propre, et chacune suffit à lier son auteur. — Examinons un contrat, même synallagmatique : il se scinde en deux obligations, nées chacune à la charge d'une des parties. Mais chacune de ces obligations n'exige qu'une chose : le consentement de la partie qui s'oblige et sa capacité. Chacune a son objet à elle, chacune a sa cause propre. Chacune peut produire effet indépendamment de l'autre : car s'il arrive par exemple que la chose que l'une des parties s'était engagée à livrer périsse, l'autre partie ne sera pas pour cela libérée. Et il est si vrai que les deux obligations peuvent se scinder, qu'il est un cas au moins où elles se scindent : celui du contrat par correspondance. Où chercher ici, en effet, un concours de volontés ? ; quand affirmer que ce concours s'est produit ? N'est-il pas plus simple de voir là deux obligations distinctes ? Ainsi, même dans la matière des contrats, la théorie nouvelle comporte d'importantes applications. Elle n'est donc plus seulement un groupement de cas exceptionnels, elle devient un système qui vise à la généralité.

En dehors des contrats, il est encore d'autres sources d'obligations auxquelles elle pourrait prétendre s'appliquer. Ne pourrait-on pas dire que dans le quasi-contrat de gestion d'affaires, c'est la volonté unilatérale de gérant qui l'oblige ? que dans les délits et quasi-délits, c'est le fait du délinquant, c'est-à-dire en somme la manifestation de sa volonté, qui crée une dette à sa charge ? La volonté unilatérale apparaîtrait ainsi comme la vraie source des obligations de tout genre.

Ce n'est pas tout encore. Non seulement la volonté unilatérale, peut-on dire, crée des obligations, mais elle peut
aussi en éteindre : témoin l'offre réelle, qui est un mode
d'extinction de dette par déclaration unilatérale de volonté. Elle peut aussi créer des droits : par une manifestation de volonté on peut se créer un droit à soi-même,
comme dans l'occupation, ou à autrui, comme dans le testament. Et elle peut de même éteindre des droits : la renonciation en est un exemple. Or, tout acte juridique rentre
nécessairement dans l'une de ces quatre grandes classes :
création d'obligation, exstinction d'obligation, création de
droit, extinction de droit. Il n'est donc pas une seule classe
d'actes juridiques où la volonté unilatérale n'intervienne
et n'ait son effet propre, soit qu'elle demeure isolée, soit
qu'elle concoure avec une autre volonté analogue à elle.

Telle est la théorie. Fort en faveur en Allemagne, son idée
maîtresse avait déjà inspiré d'assez nombreuses décisions
isolées aux diverses législations des pays d'Outre-Rhin (lois
des divers pays allemands, codes autrichiens, code de commerce de l'empire allemand, code fédéral suisse des obligations). Elle-même a enfin trouvé place, — une assez faible
place, sans doute, mais c'est déjà quelque chose, — dans le
projet de Code civil allemand. En n'admettant pas, en
principe, la volonté unilatérale à produire effet dans tous
les cas (1), le projet lui donne cependant force obligatoire

1. Article 342. Voir Raymond Saleilles, *Essai d'une théorie de*

dans quatre hypothèses : la promesse de fondation, la promesse de récompense, le titre au porteur, et aussi (mais sous réserve de l'intention des parties) la stipulation pour autrui. Les « motifs » dont il est accompagné expriment en outre l'opportunité d'étendre cette solution au titre à ordre, lequel échappait, comme matière commerciale, à la réglementation même du projet. Bien que la décision de principe ne soit pas favorable à la théorie, et bien que les exceptions qui l'admettent ne soient pas encore ratifiées par le vote du parlement, on peut dire néanmoins que les décisions du projet constituent pour elle un premier succès. Ses partisans disent bien haut que l'avenir lui en ménage de plus éclatants encore.

C'est cette théorie dont nous allons maintenant examiner de plus près les propositions principales. Nous n'étudierons que celles qui touchent à des institutions admises par la législation française (1). Nous nous efforcerons, de plus, de nous dégager des façons de penser et d'écrire par trop spéciales à certains partisans de la théorie, et des contro-

l'obligation, d'après le projet de Code civil allemand, Paris, 1890 ; n° 142.

1. Nous laisserons donc de côté, notamment, la promesse de fondation. C'est là une institution qu'on peut regretter, et à bon droit, de ne pas trouver en France ; mais enfin elle ne s'y trouve pas. Nous ne dirons rien non plus du titre hypothécaire, ni de la cession de dettes, qui par un certain côté ont quelque rapport avec l'obligation contractée par déclaration unilatérale.

verses sans fin, et souvent sans importance, que quelques-
uns de ses détails ont soulevées. Nous ne chercherons qu'à
mettre en lumière les grandes lignes de la théorie, et les
principales applications, soit spéculatives soit pratiques,
qui en peuvent être faites en droit français.

CHAPITRE II

LA STIPULATION POUR AUTRUI.

SOMMAIRE. — Divers systèmes sur le droit du tiers. — I. Il naît de son acceptation. — II. Il naît de la stipulation même. — III. Système de la jurisprudence. — IV. Système du projet de Code civil allemand. Le deuxième et le troisième systèmes, seuls acceptables, supposent la validité d'un engagement pris par manifestation unilatérale de volonté, mais fondé sur un contrat.

Le premier cas d'application de la nouvelle théorie est, avons-nous dit, le cas de la stipulation pour autrui. Plaçons-nous dans un cas où cette stipulation est valable (nous verrons, au début du prochain chapitre, quels sont ces cas), et faisons l'analyse juridique des opérations qu'elle implique.

Trois personnes entrent en rapport par l'opération : le stipulant, que nous nommerons Primus ; le promettant, Secundus ; le tiers bénéficiaire, Tertius. Quelles relations vont naître entre elles par le fait de la stipulation ?

Pour la relation qui s'établit entre Primus et Secundus,

entre le stipulant et le promettant, aucune difficulté : c'est un contrat généralement à titre onéreux, où, moyennant une prestation à lui faite par Primus, Secundus s'engage à réaliser au profit de Tertius une contre-prestation,

Le rapport qui s'établit entre Primus et Tertius, entre le stipulant et le tiers, n'est plus aussi simple. En stipulant de Secundus une prestation au profit de Tertius, Primus a pu vouloir, soit faire à Tertius une libéralité pure et simple, soit payer une dette qu'il avait lui-même contractée envers Tertius. L'opération s'analysera donc, soit en une donation, soit en une libération.

Le rapport de Secundus à Tertius, enfin, est un engagement d'espèce tout à fait nouvelle : c'est une obligation de faire ou de donner, née, semble-t-il, sans convention avec celui qui sera le créancier même du droit.

Ces deux derniers rapports, on le voit, soulèvent immédiatement une grosse difficulté théorique. Car il semble qu'ils soient nés sans l'intervention d'une des parties qu'ils concernent, et par la seule volonté de l'autre : Tertius, en effet, va se trouver créancier de Secundus, et vis-à-vis de Primus, il va se trouver dans la situation, soit d'un donataire, soit d'un créancier désintéressé, et cela sans avoir été même consulté ! Voilà qui ne semble pas possible : car enfin la convention de Primus avec Secundus ne peut pas, rationnellement, modifier la condition de Tertius sans la volonté de celui-ci. On sera donc conduit à admettre que cette convention n'aura effet à l'égard de Tertius que quand lui-même y aura accédé ; ou, en d'autres termes, que les rapports de Primus à Tertius, et de Secundus à Tertius, ne naîtront que par l'acceptation de Tertius. Cette idée est la base d'un premier système destiné à expliquer le mécanisme de la stipulation pour autrui.

Premier système.

Dans cette doctrine, comme nous venons de le dire, l'acceptation du tiers bénéficiaire est nécessaire pour qu'un double lien juridique s'établisse, entre lui et le stipulant d'une part, entre lui et le promettant d'autre part. Mais une acceptation suppose une offre. De qui doit émaner l'offre que le tiers bénéficiaire est appelé à accepter? A cette question, plusieurs réponses sont encore possibles :

1° La première idée, celle qui se présente le plus naturellement à l'esprit, est que *l'offre doit émaner du stipulant,* de Primus. Car ce stipulant prétend ou faire donation à Tertius, ou se libérer envers lui d'une dette. Or, c'est un principe de notre droit que toute donation doit être acceptée par le donataire; mais cela suppose une offre préalable du donateur Primus. A plus forte raison, l'exstinction d'une dette ne peut être réalisée qu'avec le concours de l'ancien créancier; mais cela suppose encore une proposition faite par l'ancien débiteur. C'est donc à Primus de faire l'offre que Tertius devra accepter. — Mais les objections sautent aux yeux. Si Primus meurt après avoir stipulé de Secundus, mais avant d'avoir fait offre à Tertius, celui-ci n'aura donc aucun droit. Or n'est-ce pas, par avance, enlever application à la stipulation pour autrui dans la plupart des cas d'assurance sur la vie ? Car le père qui souscrit une police d'assurance au profit par exemple de son fils, ne lui aura pas fait offre, d'ordinaire, de son vivant, et le fils alors va se trouver sans droit. — Et de plus, si l'acceptation de Tertius à l'offre faite par Primus établit bien un rapport entre Primus et Tertius, elle n'en saurait établir entre Tertius et Secundus : Secundus est demeuré étranger à la convention passée entre Primus et Tertius, et cette convention ne peut le lier. Mais alors à quoi bon cette convention elle-même, puisqu'elle ne donne à Tertius aucun droit à l'encontre de Secundus ?

Il y aurait bien une réponse à faire. Ce serait de dire que Secundus est engagé envers Tertius par le fait même de la convention qu'il a passée jadis avec Primus, ou, si l'on veut, par le fait de l'engagement unilatéral qu'il a contracté envers Tertius, comme contre-partie de l'engagement contractuel pris envers lui-même par Primus. Mais cette solution, qui fait naître l'obligation de Secundus envers Tertius indépendamment de toute convention de ces deux individus, ne saurait être logiquement acceptée par ceux qui exigent une convention dans les rapports de Primus et de Tertius ; il serait irrationnel de proclamer ici la nécessité d'un contrat direct entre les intéressés, pour nier cette nécessité dans la relation connexe. Cette solution de plus, aurait un bien bizarre résultat, en ce qui concerne les dates des divers rapports juridiques : le rapport de Secundus à Tertius daterait de la convention primitive, de la convention intervenue entre Primus et Secundus ; tandis que le rapport de Primus à Tertius ne daterait que de l'acceptation faite par Tertius à l'offre de Primus ; si bien que Tertius se trouverait avoir été créancier de Secundus avant de s'être entendu avec Primus. Résultat souverainement illogique, et totalement inacceptable.

Il est donc impossible d'admettre que la stipulation pour autrui devienne parfaite au moyen d'une offre du stipulant acceptée par le bénéficiaire.

2° Mais ne pourrait-on pas dire qu'elle devient parfaite au moyen d'une *offre du promettant,* acceptée par le bénéficiaire ? C'est l'idée qu'a mise en avant M. Thaller à propos des assurances sur la vie (1). Le promettant, en effet, est déjà lié envers le stipulant par son contrat. Mais il ne peut être lié envers le tiers que par un contrat nouveau. En acceptant l'offre de Secundus, Tertius crée le rapport entre Secundus et lui-même ; mais il le crée en même temps, dit-on, entre lui-même et Primus, puisque par cette acceptation, il adhère implicitement à la convention intervenue entre Primus et Secundus. Ce système a de plus, l'avantage de sauvegarder dans l'assurance sur la vie, les droits du bénéficiaire ; le stipulant sera mort, sans doute, au moment de l'offre faite par le promettant au bénéficiaire ; mais qu'importe, puisque le droit peut être acquis à ce

1. Dalloz, 1888, II⁰ partie, 1.

dernier sans qu'il ait contracté directement avec le stipulant ? — Malgré cela, cette théorie ne nous paraît pas plus
acceptable que la précédente. D'abord elle aurait un grave
inconvénient pratique, celui de mettre le bénéficiaire à la
discrétion du promettant. Si le promettant retire son offre
ou même ne la fait pas, quelle action aura contre lui le
bénéficiaire? Puis, théoriquement, l'idée qui vient d'être
développée est aussi insuffisante que la précédente. Comment, en effet, une entente entre Secundus et Tertius
aurait-elle effet à l'égard de Primus? Ou bien on lui donne
cet effet, mais alors en sacrifiant les droits de Primus
(par exemple en refusant au souscripteur de l'assurance le
droit d'en changer le bénéficiaire); ou bien on le lui refuse, mais que devient alors la stipulation pour autrui ?

Ainsi la simple acceptation par Tertius de l'offre de
Secundus ne peut pas suffire à valider la convention intervenue entre Primus et Secundus, pas plus d'ailleurs que
la simple acceptation par Tertius de l'offre de Primus.
Ceux qui estiment que l'acceptation de Tertius est nécessaire pour faire produire, à son endroit, quelque effet à la
convention de Primus avec Secundus, ceux-là doivent,
pour être logiques, admettre qu'il faut lui demander deux
acceptations, l'acceptation d'une offre que lui fera Primus,
et l'acceptation d'une autre offre que Secundus devra lui
adresser.

3° Et c'est à cette exigence de *deux acceptations* qu'il
faudra en effet en arriver. Mais, parvenue à ce point, la
théorie tombe d'elle-même. Demander deux acceptations

au bénéficiaire, n'est-ce pas, en fait, rendre absolument illusoire la stipulation pour autrui : puisque la mort du stipulant, ou la mauvaise foi du promettant, pourront également priver le tiers bénéficiaire de tout droit. — Ajoutons que le droit du bénéficiaire, dans ce système comme dans les précédents, n'aura date que du jour de son acceptation, ou plutôt de ses acceptations : ce qui est, dans la plupart des cas, contraire à l'intention qu'avait Primus en contractant avec Secundus au profit du bénéficiaire. Si bien qu'il faut définitivement rejeter cette troisième théorie, aussi bien que les deux précédentes, vu qu'elle est à la fois impraticable et contraire à l'essence même de la stipulation pour autrui.

Deuxième système.

Nous avons successivement rejeté les trois théories qui exigeaient l'acceptation du tiers pour la formation de liens juridiques entre lui et les deux cocontractants Primus et Secundus. Il ne reste plus alors, semble-t-il, qu'un parti à prendre : c'est de déclarer franchement que son acceptation n'est pas requise, et qu'il se trouve lui-même lié à Primus et à Secundus par le seul fait de la convention passée entre ces deux derniers. Mais, s'il en est ainsi, une convention va avoir effet à l'égard de quelqu'un qui n'y a pas été partie. Voilà qui est contraire aux principes du droit ! — Oui, répondent les partisans de ce nouveau système, mais c'est la loi elle-même qui a posé cette exception aux principes. Car le texte qui établit la règle établit aussi notre exception. Que dit en effet l'article 1165 du Code civil ? « Les conventions n'ont effet qu'entre les parties contractantes ; elles ne nuisent point au tiers, et elles ne lui profitent que dans les cas prévus par l'article 1121 ». Or, l'article 1121 est précisément celui qui rend valable, sous certaines conditions, la stipulation pour autrui. N'est-il donc point évident que le Code en rendant le tiers étranger aux conséquences de l'acte où il n'a pas été partie, a voulu précisément excepter le bénéficiaire de la stipulation pour autrui ? Pouvait-on dire plus clairement que son acceptation n'était pas nécessaire pour lui faire acquérir un droit, et que son droit naissait directement et immédiatement de la convention passée entre le stipulant et le promettant ?

A cet argument de texte on peut ajouter un argument rationnel. Qu'a voulu faire le stipulant, en faisant au promettant une certaine prestation ? Le déterminer à s'engager envers le tiers. Et quelle obligation le promettant a-t-il prise envers le stipulant ? Celle précisément de s'engager immédiatement envers ce même tiers. Ainsi la création d'un engagement unilatéral du promettant envers le tiers est l'objet même de son engagement contractuel envers le stipulant. Si donc cet engagement envers le tiers ne se formait pas immédiatement, l'engagement du promettant envers le stipulant serait sans objet, et la convention intervenue entre eux serait juridiquement nulle. Si donc on veut que cette convention soit valable, il faut nécessairement décider que l'engagement du promettant envers le tiers s'est formé, directement et immédiatememt, par le même acte.

L'histoire vient à son tour confirmer cette déduction. La célèbre constitution de Dioclétien et de Maximien (Code, livre VIII, titre LV, *De donationibus quæ sub modo, vel conditione, vel certo tempore conficiuntur*, loi 3) faisait précisément, et cela contrairement à la rigueur du droit antérieur, naître de la stipulation pour autrui un droit direct au profit du tiers bénéficiaire. Et le grand juris-consulte qu'ont suivi les rédacteurs du Code, Pothier (*Traité des obligations*, partie I, chap. I, n° 72), reproduit cette solution : non pas, dit-il, qu'en droit strict « un contrat puisse par lui-même, et *propria virtute*..., donner un droit à un tiers qui n'y était pas partie », mais ici « c'est l'équité naturelle qui forme cet engagement ». La solution que défend le système est donc bien la solution traditionnelle.

A la triple autorité du texte, de la raison et de l'histoire, vient enfin s'ajouter une autorité plus décisive encore, celle de la pratique.

Avec les précédents systèmes, en effet, l'acceptation du bénéficiaire était exigée : ce qui rendait le plus souvent illusoire la stipulation faite à son profit. Avec eux aussi, le droit du bénéficiaire pouvait disparaître par la mort du stipulant, ou par la mauvaise foi du promettant. L'article 1121 n'avait plus, en somme, de portée pratique. Le nouveau système pare à tous ces inconvénients : le droit du tiers naissant indépendamment de toute acceptation de sa part il ne peut plus être révoqué, ni par la mort du stipulant ni par la mauvaise foi du promettant. Sans doute, même dans ce système, il n'est pas indifférent que le tiers accepte une offre, celle que pourra lui faire le stipulant. Mais cette acceptation, qu'on le remarque bien, n'a qu'un effet, celui de lier le stipulant, qui désormais ne peut plus rétracter son offre (1) (si par exemple il s'agit d'une assurance sur la vie, le souscripteur de la police, une fois son offre acceptée, n'est plus maître d'en changer le bénéficiaire) ; mais cette acceptation est sans aucun effet par rapport au promettant, qui, lui, a été lié envers le tiers *dès le jour de l'engagement contractuel pris par lui envers le stipulant*. En un mot donc, le droit du tiers est devenu définitif, envers le promettant, par le seul fait de la stipulation, et, envers le stipulant, par son acceptation de l'offre du stipulant ou par la mort de ce dernier. — Mais le droit essentiel du bénéficiaire est celui qu'il a envers le promettant ; son droit envers le stipulant est simplement le droit d'empêcher que le stipulant ne révoque son offre, et ne fasse par là tomber le droit du tiers à l'égard du promettant ; ce second droit est donc simplement l'accessoire du premier. Or, le premier est acquis au jour de la stipulation. C'est donc à ce jour que naît véritablement le titre du bénéficiaire. Le système que nous exposons a ainsi l'avantage de donner au tiers un droit direct, indépendant de son acceptation, et qui prend date au jour même de la stipulation. Cet avantage pratique con-

1. « Celui qui a fait la stipulation, ne peut plus la rétracter, si le tiers a déclaré vouloir en profiter » (art. 1121, alinéa 2).

sidérable explique la faveur dont jouit aujourd'hui ce système, qui tend à prévaloir de plus en plus dans la doctrine.

Est-ce à dire toutefois qu'il ne soulève aucune critique ? Nous sommes loin de le prétendre. Une première critique qu'on peut lui adresser, c'est qu'il valide des engagements sans cause. Tout engagement, en effet, pour être valable, doit avoir une cause ; l'engagement à titre gratuit trouve sa cause dans l'intention libérale de l'obligé, l'engagement à titre onéreux le trouve dans la contre-prestation de l'autre partie. Mais quelle peut être la cause de l'engagement du promettant Secundus envers le bénéficiaire Tertius ? Ce n'est pas une contre-prestation de Tertius, puisque le bénéficiaire ne doit rien au promettant en échange de ce que celui-ci lui doit. Ce n'est pas une intention libérale de Secundus lui-même, car bien évidemment Secundus n'a pas entendu faire à Tertius une libéralité gratuite. L'engagement de Secundus envers Tertius serait donc sans cause juridique, et partant sans valeur légale. — A cette critique il ne nous sera pas malaisé de répondre. L'engagement de Secundus envers Tertius n'est pas à titre gratuit, cela est certain. Il doit donc avoir sa cause dans une contre-prestation. Cette contre-prestation, sans doute, ce n'est pas Tertius qui la fournira ; mais il y a quelqu'un qui s'est engagé à la fournir, et c'est le stipulant Primus. De sorte que c'est l'engagement de Primus envers Secundus qui sert de cause à l'engagement de Secundus envers Tertius. Et c'est cet engagement de Secundus envers Tertius, engagement né de la stipulation elle-même, qui détermine

Tertius à accepter l'offre que lui fait postérieurement Primus ; acceptation qui fera de lui l'obligé de Primus, soit à titre de donataire, soit à titre de créancier payé, et qui fermera ainsi le cycle des obligations réciproques des trois parties. De telle sorte qu'aucune des trois obligations ne se trouvera manquer de cause, en règle générale tout au moins (1).

Mais il existe contre le système une autre objection plus forte. Un individu quelconque ne peut rationnellement acquérir même un droit sans son consentement. Le Code, en disant que la stipulation pour autrui profite au tiers, n'a pas pu prétendre lui imposer un droit dont il ne voudrait pas. Il faudra donc qu'il accepte l'offre du promettant de s'obliger envers lui, au moins tacitement, s'il veut se prévaloir de l'engagement pris par le promettant envers

---

1. Nous disons « en règle générale ». Car dans l'espèce suivante, par exemple, il est bien évident qu'on sort de la règle. Primus est débiteur de Tertius. Pour se libérer envers lui, il fait promettre à Secundus de payer cette dette à Tertius à sa place. Secundus n'a fait cette promesse que parce qu'il se croyait lui-même débiteur de Primus pour une pareille somme. Ultérieurement, Secundus apprend qu'en réalité il ne doit lui-même rien à Primus. L'engagement qu'il a pris envers Tertius sur le fondement de sa prétendue dette personnelle sera donc nul, faute de cause. Et dès lors l'obligation que Tertius en retour a contractée envers Primus, en acceptant l'offre de Primus de lui déléguer Secundus, — obligation de considérer la dette primitive de Primus comme éteinte, — sera nulle également faute de cause, et l'obligation de Primus envers Tertius revivra.

le stipulant. Et comme déjà le système a admis qu'il fallait pour le tiers accepter l'offre du stipulant, s'il voulait lier les mains à celui-ci, ne retombons-nous pas dans la nécessité de la double acceptation, que le système avait précisément pour but d'éviter ? — Non, répondent les partisans du système que nous exposons. Le tiers sans doute ne peut acquérir un droit *contre sa volonté ;* mais il peut l'acquérir *sans sa volonté.* Son droit envers le promettant naît, sans son concours, de la stipulation même. Mais ce droit, dont il peut se prévaloir, ne s'impose pas à lui : il est toujours maître de le refuser, puisqu'il est maître de ne pas l'invoquer. Seulement, ce refus ne devra pas se présumer aisément, vu qu'il peut avoir pour le tiers des conséquences fâcheuses. Notamment on devra considérer que l'acceptation faite par lui de l'offre du stipulant implique renonciation à son droit de refuser l'engagement du promettant. En somme donc, ce n'est pas une nouvelle acceptation qui est exigée du tiers, c'est simplement l'absence d'un refus exprès. Le système ainsi, sans empiéter en rien sur la liberté du tiers, n'exige pas une manifestation expresse de sa volonté pour lui donner créance sur le promettant. Il sauvegarde donc tous ses intérêts, sans porter nulle atteinte à ses droits.

Troisième système.

Quoi qu'il en soit, l'objection que nous venons d'indiquer et qui se fonde sur l'impossibilité d'imposer un droit à quelqu'un sans son consentement, semble avoir ému la jurisprudence, et l'avoir empêchée de suivre la doctrine dans ses propositions les plus hardies. Pour la jurisprudence, telle qu'elle paraît fixée par une série d'arrêts récents de la Cour de Cassation (1), l'acceptation du tiers est nécessaire. Mais il lui suffit d'accepter même tacitement l'offre du stipulant, et cette acceptation vaut au regard du promettant lui-même ; de plus elle peut avoir lieu à n'importe quel moment, et elle rétroagit au jour de la stipulation primitive.

Cette solution, qui est intervenue dans des questions d'assurance sur la vie, sauvegarde sans doute les intérêts du bénéficiaire dans une large mesure : car son acceptation peut intervenir après le décès du stipulant, et elle n'en a pas moins pour résultat, vu son effet rétroactif, de faire considérer le bénéficiaire comme investi d'un droit propre et définitif à partir de la stipulation elle-même. Il en résulte que la mauvaise foi du promettant, non plus que le décès du stipulant, n'empêchent le tiers de se créer un droit par son acceptation. Seul, le retrait de l'offre du stipulant fait avant l'acceptation, aurait cet effet ; mais cela est de toute justice.

Ainsi pratiquement on arrive avec ce système aux mêmes conséquences qu'avec le précédent. La division

1. Voir l'arrêt du 16 janvier 1888, et les quatre arrêts qui le suivent, avec la note qui les accompagne, au Sirey, 1888, 1re partie, page 121 et ss.

qui les sépare est donc toute théorique, et il n'est pas bien sûr que la jurisprudence, en apparence plus respectueuse des principes, ait raison au fond : car n'est-il pas vraiment bizarre d'attacher ici un effet rétroactif à l'acceptation du tiers ? Pour sauvegarder ce principe, qu'on ne peut acqué-rir de droit que par sa volonté, la jurisprudence s'est trou-vée amenée à créer, contre le gré d'un autre principe, une fiction légale, celle de la rétroactivité d'une manifestation de volonté : alors que pour écarter le principe de la néces-sité d'une adhésion du tiers, il suffisait peut-être de lire l'article 1165, qui précisément apporte une exception à ce principe pour le cas de la stipulation pour autrui.

Quatrième système.

Reste enfin un quatrième et dernier système, qui est ce-lui du projet de Code civil allemand.

Nous avons dit que le second système, celui qui fait naî-tre le droit du tiers de la stipulation directement, se fonde sur l'interprétation de la volonté probable des parties : car il est vraisemblable qu'elles ont entendu donner immédia-tement, par leur seul accord, un droit de créance au béné-ficiaire. Cependant ce n'est là qu'une présomption, et il est possible que les parties aient entendu, au contraire, subor-donner la naissance du droit du bénéficiaire à son accep-tation préalable. L'article 412 du projet de Code civil alle-mand a précisément pour but de faire respecter cette liberté

des parties. Il ramène la question à une question d'interprétation de volontés : le droit du tiers sera ce que les cocontractants l'auront fait, immédiat s'ils l'ont voulu, conditionnel s'ils en ont ainsi décidé (1). Le projet a seulement
le tort de ne pas poser une présomption légale, pour le cas où
les parties ne se seraient pas clairement expliquées. Mais
il a bien soin, pour le cas où elles auraient fait naître un
droit immédiat en faveur du bénéficiaire, de réserver à celui-ci la faculté de refuser l'acquisition de ce droit (article
415).

Cette solution du projet allemand est peut-être, en principe, la plus sage. Mais il est évident qu'elle soulèverait,
dans la pratique, des difficultés d'application presque insurmontables. Comment savoir, en effet, si des contractants peu versés dans les subtilités de la science du droit

1. L'article 128 du Code fédéral (suisse) des obligations semble
mener à la même solution. Ce texte s'exprime ainsi : « Celui qui,
agissant en son propre nom, a stipulé une obligation en faveur d'un
tiers, a le droit d'en exiger l'exécution au profit de ce tiers. — Le
tiers ou ses ayants-droits peuvent aussi réclamer personnellement
l'exécution lorsque telle a été l'intention des parties. » — Ce texte,
on le voit, ne résout pas la question même qui nous préoccupe. Il
dit simplement que, si les parties l'ont voulu le tiers aura droit, sans
dire à quelle condition. Mais comme il pose la règle de « l'intention
des parties », pour la question de savoir si le droit naît, il semble
conforme à son esprit d'étendre cette règle à la question de savoir
à quelle condition il naît.

ont entendu, ou non, subordonner la naissance du droit du
bénéficiaire à son acceptation préalable? Il nous faut donc
écarter ce quatrième système. Or, parmi les trois autres,
nous avons déjà condamné le premier, comme rendant la
stipulation pour autrui pratiquement inutile. Restent le
second et le troisième, celui de la doctrine et celui de la
jurisprudence les plus récentes; systèmes qui tous deux
peuvent se soutenir et qui d'ailleurs conduisent, en fait, aux
mêmes solutions pratiques.

Nous n'avons pas caché nos préférences pour le système
de la doctrine, pour celui qui n'exige pas d'acceptation,
même posthume et rétroactive, de la part du bénéficiaire.

Mais il est inutile de pousser plus loin la comparaison
des deux systèmes, car quel que soit celui qu'on adopte,
la conclusion qu'il faudra en tirer au sujet de la valeur
juridique d'une manifestation unilatérale de volonté sera
toujours la même. Or, tout le but de cette longue discussion n'était autre que de mettre en relief cette valeur juridique. — Quel que soit celui des deux systèmes précités
qu'on adopte, la conclusion, disions-nous, ne variera pas.
Si l'on adopte avec nous le système de la doctrine, il faudra
dire: « le promettant a pris envers le bénéficiaire un engagement, sans qu'il y ait eu entre eux concours de volontés ;
cet engagement l'oblige par lui-même, sans que le bénéficiaire soit tenu d'accepter une offre quelconque du promettant ; c'est donc que le promettant se trouve lié par une
déclaration unilatérale de volonté ». Et si l'on adopte le
système de la jurisprudence il faudra dire encore « : le pro-

mettant est lié envers le bénéficiaire par sa seule déclaration de volonté, car le bénéficiaire n'a qu'à accepter
l'offre du *stipulant* pour faire porter effet à l'engagement
du promettant, du jour même où il a été pris. » La propriété qu'a la déclaration de volonté unilatérale, d'être
par elle-même obligatoire pour son auteur, est peut-être
un peu moins évidente dans le système de la jurisprudence
que dans le système de la doctrine; mais elle nous paraît
pourtant n'y être pas moins nécessairement appliquée.

On l'a contesté cependant; et des auteurs mêmes qui ne
sont pas hostiles à l'idée qu'une déclaration de volonté
unilatérale puisse fonder une obligation civile, ont présenté ici une objection (1). Si le promettant est lié envers
le tiers, disent-ils, c'est uniquement parce qu'il a pris un
engagement envers le stipulant : le contrat intervenu entre
le stipulant et le promettant est le seul titre du bénéficiaire ; l'idée d'une déclaration de volonté unilatérale n'a
donc rien à faire ici. Il y a certainement quelque chose de
juste dans cette analyse, mais la conclusion nous en semble exagérée. Sans doute, la dette du promettant envers
le tiers a pour origine première le contrat intervenu entre
ce promettant et le stipulant. Mais ce contrat, s'il était
seul, ne suffirait pas pour donner au tiers un droit direct :
car, par un pur contrat, une partie n'est jamais obligée
qu'envers son cocontractant. Que faut-il donc dire? Il
faut dire que le contrat, qui *par lui-même* lie le promettant

1. Voir Saleilles, *op. cit.*, n° 249.

au stipulant, renferme en quelque sorte en soi une déclaration unilatérale du promettant, laquelle le lie au tiers.

Que fait le promettant, en effet? Il s'engage envers le stipulant à procurer une certaine prestation au tiers (1). Ce qui contient deux engagements : l'un, contractuel, envers le stipulant ; l'autre, qui est une pure déclaration unilatérale de volonté, envers le tiers. C'est le premier de ces engagements qui, au cas où le promettant n'accomplirait pas la prestation promise, donnerait action au stipulant pour l'y contraindre ; mais c'est le second seul qui peut donner action au tiers lui-même. En d'autres termes, l'obligation contractuelle du promettant envers le stipulant a pour objet la création d'une autre obligation, celle du promettant envers le tiers ; mais celle-ci, bien que dérivant en dernière analyse du contrat, n'est pas, directement considérée, autre chose que l'expression d'une volonté unilatérale de s'obliger, puisque le bénéficiaire de cet engagement n'a pas été et ne sera pas tenu de l'accepter pour qu'il soit valable. C'est donc bien une déclaration unilatérale de volonté qui oblige le promettant envers le tiers. Ce qui est vrai, sans doute, c'est que cette déclaration repose sur un contrat ; c'est qu'elle en dérive, c'est qu'elle en est le produit. Mais enfin, logiquement parlant, elle en est distincte, et c'est elle qui donne au tiers bénéficiaire son

1. Nous ne disons pas : « à faire une offre de prestation au tiers », ce qui serait retomber dans la théorie de M. Thaller, que nous avons précédemment écartée.

droit et son action. Si bien que, au terme de cette analyse, le droit direct et immédiat du tiers nous paraît résulter, sans acceptation de sa part, de la simple déclaration unilatérale par laquelle le promettant affirme sa volonté de s'obliger envers lui, déclaration qui trouve elle-même sa raison d'être dans le contrat intervenu entre son auteur et le stipulant (1).

1. Le fait que cette déclaration unilatérale dérive du contrat, n'implique pas qu'elle soit un simple accessoire du contrat. Au contraire, on pourrait dire qu'elle est la partie essentielle de l'opération, puis qu'elle est le but que le stipulant s'est proposé d'atteindre, et en vue duquel il a contracté. Ainsi cette déclaration unilatérale, que nous venons de considérer comme le résultat du contrat, peut aussi justement en être considérée comme la cause : car c'est pour la produire que le contrat s'est formé. Plus juridiquement, on peut dire que la prestation du stipulant au promettant, et la déclaration du promettant qu'il s'oblige envers le tiers, se servent de *cause* l'une à l'autre. La déclaration unilatérale du promettant, loin d'être une annexe imperceptible de l'opération, en est donc un élément essentiel.

CHAPITRE III

LES APPLICATIONS DE LA STIPULATION POUR AUTRUI.

Nous venons d'examiner le mécanisme juridique de la stipulation pour autrui, les rapports qui en dérivent entre les intéressés, les droits qu'elle confère au bénéficiaire ; et nous avons dégagé de cet examen une conclusion plutôt favorable à la théorie de l'engagement par manifestation unilatérale de volonté.

Mais ce n'est là qu'une étude toute abstraite ; et pour démontrer la valeur et la portée pratiques des principes que nous venons d'établir, il nous faut examiner maintenant le rôle que joue la stipulation pour autrui dans les transactions journalières, et les principales applications dont elle s'est montrée susceptible.

La première question qui se pose, est la question de savoir en quels cas la stipulation pour autrui constituera une opération juridiquement valable. On sait, en effet, que sous l'influence d'un vieux principe romain, auquel le droit romain lui-même avait pourtant dû finir par déroger (1), le Code civil, dans son article 1119, a décidé que « on ne peut, en général... stipuler en son propre nom, que pour soi-même ». Ce texte, en règle générale, prohibe la stipulation pour autrui (sauf bien entendu celle que ferait un mandataire ou un gérant d'affaires, parce que ceux-ci stipulent, non pas en leur propre nom, mais au nom de celui qu'ils représentent). Seulement, à la rigueur du principe posé par l'article 1119, l'article 1121 vient presque immédiatement apporter un correctif. « On peut, dit ce nouvel article, stipuler au profit d'un tiers, lorsque telle est la condition d'une stipulation que l'on fait pour soi-même ou d'une donation que l'on fait à un autre. » Ainsi, voici deux cas pour lesquels la loi prononce expressément la validité de la stipulation pour autrui.

Mais cela n'a pas suffi aux interprètes du Code. Sous la poussée de la pratique, dans laquelle la stipulation pour autrui a pris aujourd'hui la plus grande extension, ils ont voulu décider que cette stipulation serait valable, chaque fois que le stipulant aurait intérêt à ce que le promettant

1. Voir la première partie de ce travail, chap. II.

tînt son engagement envers le tiers. Ils ont invoqué, en ce sens, l'autorité du droit romain sous sa dernière forme et celle de Pothier. Ils ont dit que les deux cas prévus spécialement par l'article 1121 n'ont été regardés par le législateur lui-même que comme des exemples d'une règle plus générale, et sous-entendue ; et la preuve en est, ajoutent-ils, que le législateur fait application de cette règle en un troisième cas, au cas de constitution de rente viagère, prévu par l'article 1973. En somme, la stipulation pour autrui lierait le promettant envers le tiers toutes les fois que le stipulant aurait un intérêt démontré à ce que ce lien existât. Mais, en fait, le stipulant y a toujours intérêt : car, à moins d'être un fou, on ne stipule pas pour autrui à moins d'y avoir quelque intérêt pécuniaire ou moral. De sorte que, en définitive la stipulation pour autrui serait toujours valable ; et c'est précisément ce que décide le Code fédéral suisse, qui, dans son article 128, supprime la nécessité d'un intérêt pour le promettant (1). Mais on ne saurait introduire cette décision radicale dans notre jurisprudence sans rayer l'article 1119. Que faire donc ? La pratique semble exiger qu'on

---

1. Le projet de Code civil allemand résout implicitement la question dans le même sens, en décidant que l'obligation peut avoir pour objet tout fait licite quelconque, sans exiger que ce fait présente un intérêt pour le créancier (art. 206). Il n'est donc pas nécessaire que le stipulant ait intérêt à ce que le promettant s'exécute envers le tiers, pour qu'il ait action afin de le contraindre à s'exécuter, et par conséquent pour que la stipulation ait effet juridique.

donne une extension indéfinie à l'article 1121 ; le texte de
la loi s'y oppose. On résout la difficulté en s'arrêtant à un
moyen terme : on étendra l'article 1121, mais seulement dans
certaines limites. On donnera bien action au stipulant, quand
il aura intérêt à l'accomplissement de la promesse ; mais
on exigera qu'il y ait un intérêt appréciable en argent. Un
simple intérêt moral du stipulant ne suffirait donc pas à
valider la stipulation ; autrement la règle de l'article 1119
serait totalement supprimée. Mais d'autre part n'est-il pas
excessif d'exiger du stipulant un intérêt pécuniaire ? Non,
car il ne dépend que de lui de s'en créer un : que, après
avoir fait pour autrui la stipulation principale, il stipule
ensuite du promettant, pour lui-même, une peine en cas
d'inexécution de la promesse principale, et il aura un intérêt pécuniaire suffisant pour lui donner action et pour valider toute l'opération. En adoptant cette solution moyenne,
on a l'avantage de ne donner à l'article 1121 qu'une
extension que ses termes comportent : car, si le stipulant
a directement intérêt pécuniaire à ce que le promettant
tienne son engagement envers le tiers, ou s'il s'y est créé
un intérêt pécuniaire en stipulant une peine, on est dans
le premier cas prévu par le texte de l'article 1121 : celui
où la stipulation pour autrui est la condition d'une stipulation que l'on fait pour soi-même. C'est donc cette solution qu'il est le plus rationnel d'adopter, comme étant
à la fois conforme au texte de la loi et suffisamment large
pour se prêter aux véritables besoins de la pratique.

Sachant maintenant, d'une façon générale, quand la stipulation pour autrui est valable, nous pouvons examiner les principaux cas où elle est employée pour faire naître un droit au profit d'un tiers, soit à titre onéreux pour lui, soit à titre purement gratuit.

I

Et tout d'abord, nous devons protester contre une erreur d'interprétation encore trop répandue, celle qui consiste à croire que la stipulation pour autrui a d'ordinaire pour but de gratifier le tiers bénéficiaire.

Sans doute, elle peut avoir ce but, et nous le montrerons nous-même tout à l'heure. Mais le plus ordinairement il n'en est pas ainsi. La donation, en somme, n'est que l'exception dans les relations juridiques ; et les acquisitions les plus fréquentes y sont des acquisitions à titre onéreux. Par la stipulation pour autrui, le tiers bénéficiaire acquiert bien un droit nouveau ; mais ce droit, en général, il l'a payé par des prestations antérieures, ou bien il l'achète au prix de l'abandon d'un ancien droit, c'est-à-dire que, en somme, il l'acquiert à titre onéreux.

Parmi tous les cas où un individu acquiert un droit à titre onéreux par l'effet d'une stipulation pour autrui, nous citerons d'abord le cas de la *délégation*. Primus, débiteur de Tertius, fait promettre à son propre débiteur Secundus de s'acquitter, non entre ses mains à lui Primus, mais entre les mains de Tertius : voilà qui est très pratique, et d'un emploi fréquent. Nous n'insistons pas, naturellement, sur cette matière de la délégation, qui pourrait à elle seule faire l'objet d'une étude entière. Nous nous contentons de l'indiquer, comme application de la stipulation pour autrui.

Nous nous bornerons, de même, à rappeler par des indications très sommaires, les autres applications de ce contrat. Certaines de ces applications se présentent en matière de *transport* :

1° L'expéditeur qui traite avec un agent de transport est réputé stipuler pour le destinataire, lequel acquiert ainsi un droit direct contre l'agent de transport.

2° La compagnie de chemin de fer qui charge un voiturier de transporter à domicile un colis, est censée stipuler pour l'expéditeur, et celui-ci acquiert droit direct contre le voiturier, en cas d'accident survenu à la chose transportée.

Une autre application se rencontre en matière de *mandat*. Le mandataire qui se substitue quelqu'un dans sa gestion est censé avoir stipulé de lui une bonne gestion au profit du mandant; car, par le seul fait de leur convention, le mandant acquiert un droit direct vis-à-vis du tiers que le mandataire s'est substitué (article 1994 du Code civil).

Enfin, le *remploi* fait par le mari avec l'argent de la femme fait acquérir à la femme un droit direct; on peut donc voir encore ici une application de la stipulation pour autrui. Il est vrai qu'on a aussi prétendu trouver dans cette décision une application des règles relatives à la gestion d'affaires. Nous ne pouvons insister sur cette controverse d'importance secondaire ; et nous passons immédiatement à l'examen des cas où, par le fait de la stipulation, le tiers acquiert un droit direct à titre gratuit.

II

Voyons donc comment le stipulant peut gratifier le tiers en lui procurant un droit contre le promettant.

Le moyen le plus simple est de faire prendre au promettant l'engagement pur et simple de payer une certaine somme au tiers. Le stipulant, par exemple, vend sa maison au promettant à un prix peu élevé, mais il lui fait promettre en outre de payer en même temps une somme déterminée à une personne qu'il désigne. Il réalise ainsi, au profit de ce tiers, une donation dispensée de forme.

Mais le plus souvent l'obligation du promettant envers le tiers se présente sous la forme, non d'un engagement pur et simple, mais d'un engagement conditionnel. En échange d'une prestation fournie par le stipulant, le promettant s'engage à fournir au tiers une certaine contre-prestation *pour le cas où tel évènement arriverait*. C'est, on le voit, le cas de l'assurance au profit d'autrui.

Les formes de ces assurances au profit d'autrui sont multiples. Nous citerons notamment les assurances du travail, contractées par les patrons au profit de leurs ouvriers, et surtout les assurances sur la vie, contractées au profit de tiers déterminés. Nous allons insister quelque peu sur ces dernières, à cause des difficultés qu'on a éprouvées à édifier leur théorie juridique.

L'assurance sur la vie, contractée au profit de personne déterminée (1), renferme évidemment une stipulation pour autrui. Mais tout d'abord, cette stipulation est-elle valable ? On l'a quelque temps contesté ; et, pour répondre à cette objection fondamentale, les défenseurs de l'assurance ont trouvé deux sortes de réponses différentes. Pour les uns, la stipulation pour autrui contenue dans le contrat d'assurance est valable, parce qu'elle échappe aux termes de la prohibition formulée par l'article 1119. Pour les autres, elle est valable parce qu'elle rentre dans les termes de l'exception prévue par l'article 1121. Examinons successivement ces deux solutions.

Pour les uns, disons-nous, l'assurance sur la vie n'est pas prohibée par l'article 1119. Cet article, en effet, n'annule, dit-on, que la stipulation faite au profit d'autrui, *au nom du stipulant lui-même*. Mais le souscripteur d'une police d'assurance n'a pas agi en son propre nom ; il n'a agi que comme gérant d'affaires du bénéficiaire. Il a donc stipulé au profit d'autrui, sans doute, mais aussi au nom

1. Ce peut être dans plusieurs cas une difficulté de savoir si le bénéficiaire est ou non déterminé (exemple : assurance contractée par un père de famille au profit de ses enfants nés et à naître). Mais nous ne pouvons insister sur ces détails, qui ne sont pas essentiels à la théorie.

d'autrui ; et la stipulation qu'il a faite n'est pas de celles qu'annule la règle de l'article 1119 (1).

Nous ne pousserons pas plus loin la déduction de ce système, car il nous semble totalement inacceptable.

En effet :

1° Il ne peut y avoir gestion d'affaires que pour une affaire déjà existante, née indépendamment de l'action du gérant, et dans laquelle il ne fait qu'intervenir (2) : en d'autres termes, l'immixtion du gérant ne se comprend qu'à propos d'une affaire antérieurement entamée. Or, dans notre cas, au contraire, l'affaire, c'est-à-dire la relation juridique du promettant et du bénéficiaire, est l'œuvre exclusive du stipulant : elle est née de sa seule action. C'est donc que nous ne nous trouvons pas en présence d'une véritable gestion.

2° Le souscripteur de la police peut se réserver le droit d'en changer le bénéficiaire, tant que celui qu'il aura d'abord désigné n'aura pas accepté. Mais ce droit ne saurait évidemment appartenir à un simple gérant, qui n'est pas maître, quand il a géré l'affaire d'un tiers déterminé, d'attribuer à un autre le bénéfice de ses actes.

3° Le gérant, en principe, agit essentiellement dans l'intérêt du maître de l'affaire. Mais ici, au contraire, le sous-

1. Cette idée a été défendue par M. Labbé dans une note du Sirey année 1877, Ire partie, page 393 et ss., et dans plusieurs notes postérieures.

2. Arrêt de Bordeaux, 21 juin 1827 ; Dalloz, 1828, IIe partie, p. 8.

cripteur agit dans son intérêt propre, autant que dans l'intérêt du bénéficiaire. Car, s'il veut rendre service à celui-ci, il veut aussi se donner la certitude que sa mort ne laissera pas dans le besoin ceux qui lui sont chers. Et, en dehors de cet intérêt moral, il a encore intérêt pécuniaire au contrat, en ce sens que la révocation de son offre au bénéficiaire, le refus de celui-ci, ou son prédécès, feront passer le droit au stipulant lui-même. C'est même cet intérêt du stipulant qui seul valide la stipulation. L'intérêt du stipulant est donc, juridiquement, d'une plus grande importance dans la stipulation pour autrui que l'intérêt du bénéficiaire. Règle directement contraire à celle de la gestion d'affaires.

4° Bien plus, il est manifestement inexact de dire que le souscripteur traite au nom du bénéficiaire. Car celui qui traite au nom d'autrui transporte au *dominus rei gestæ* l'émolument et les charges de l'affaire. Mais le souscripteur, au contraire, même quand le tiers aura accepté son offre, restera tenu du paiement des primes, sans pouvoir rien demander au tiers. Et si le droit à l'indemnité naît bien au profit de ce tiers, le droit de résilier le contrat par non-paiement des primes cesse-t-il d'appartenir au souscripteur ? La disposition du droit principal, en cas du prédécès du bénéficiaire, ne revient-elle pas encore au même souscripteur ? Et sa succession n'a-t-elle pas action contre l'assureur pour l'obliger à payer au tiers l'indemnité promise ? Ainsi le souscripteur d'une police d'assurances a des droits et des devoirs propres, qui coexis-

tent avec les droits nés du contrat d'assurancs au profit
du tiers. — Le gérant d'affaires, une fois sa conduite ra-
tifiée, s'efface devant le maître de l'affaire. Le souscripteur
d'une police d'assurances n'a pas besoin d'une ratification
proprement dite de la part du bénéficiaire, et sa personnalité ne s'efface à aucun moment devant celle de ce dernier.
La théorie qui voit, dans l'assurance sur la vie contractée au
profit d'un tiers déterminé, une application de la gestion
d'affaires, cette théorie, rejetée d'ailleurs actuellement par
la jurisprudence et par la majorité des auteurs, ne nous
paraît donc pas, malgré l'autorité de celui qui a l'émise,
pouvoir être acceptée.

Mais alors, dira-t-on, l'assurance sur la vie est condam-
née, puisqu'elle n'échappe pas à la proscription dont l'article 1119 frappe la stipulation pour autrui. Non, répondrons-nous, car elle rentre dans les termes de l'exception
prévue par l'article 1121. Il existe, en effet, au moins trois
façons de l'y faire rentrer, qui toutes trois ont été soute-
nues :

1° La plus simple, et celle qui est, croyons-nous, la
plus généralement admise, en jurisprudence tout au moins,
consiste à dire que le contrat d'assurance sur la vie rentre
dans les termes de l'alinéa premier, hypothèse première,
de l'article 1121. La stipulation faite au profit du tiers
serait, dans cette théorie, la condition d'une stipulation que
le stipulant a faite pour lui-même. Qu'a voulu essentiellement le stipulant? *s'assurer*, c'est-à-dire avoir la certitude

qu'il ne laissera pas sa famille dans la misère. Pour cela, il n'a qu'un moyen, c'est de faire promettre par la compagnie une prestation pécuniaire à ceux qu'il veut sauver du besoin. Il stipule donc cette prestation à leur profit, et la promesse faite au tiers par la compagnie est valable. Mais ce qu'il ne faut pas oublier, c'est que le contrat a d'abord pour but d'assurer le stipulant, et que c'est l'intérêt du stipulant qui valide l'engagement pris envers le tiers. La promesse faite au bénéficiaire n'est donc bien en somme que la condition de la promesse obtenue par le stipulant à son propre profit.

2° D'autres jurisconsultes contestent cette idée. L'intérêt tout moral du stipulant ne saurait, disent-ils, être considéré comme le centre d'une opération qui doit surtout engendrer des relations pécuniaires. On ne saurait donc soutenir, d'après eux, que la stipulation faite en faveur du tiers soit simplement la condition de la stipulation faite au profit du stipulant lui-même. Ce n'est donc pas cette partie du texte de l'article 1121 qui peut permettre de valider la stipulation faite au profit du tiers. Mais lisons la suite de l'article ; elle nous dit que la stipulation pour autrui est encore valable si telle est la condition « d'une donation que l'on fait à un autre ». Or, ne serait-ce pas cette décision qu'il faudrait ici appliquer ? Sans doute il n'y a pas ici véritablement *donation* des primes faite par le stipulant à l'assureur, à la charge par celui-ci de payer une indemnité au bénéficiaire lors du décès de l'assuré. Le mot de donation ne serait pas ici le mot propre. Mais nous n'avons qu'à remplacer le terme « donation » par le terme un peu plus large de « *dation* » (la donation n'étant qu'une forme de la dation), et nous verrons aussitôt que l'acte passé par le stipulant rentre bien dans cette définition élargie : car l'acte du stipulant a bien consisté dans une dation des primes, à la charge par la compagnie d'assurance d'indemniser le bénéficiaire. Or, cette extension, cette substitution au terme « donation » du terme plus large de « dation », nous verrons que nous avons le droit de la faire, si seulement nous lisons l'article 1973, consacré à la rente viagère : car cet article permet de constituer par voie indirecte une rente viagère à autrui, en en servant le montant à celui dont on la stipule. Or, cet article ne peut s'expliquer qu'en se fondant sur l'article 1121. Mais il ne saurait évidemment se fonder sur la première hypothèse contenue dans l'article 1121, celle d'une stipu'ation pour autrui accessoire à une stipulation faite au profit du stipulant, puisque celui-ci se dépouille ici par pure libéralité. Il ne peut donc se fonder que sur la deuxième hypothèse de l'article 1121 : et l'engagement pris par le promettant au profit du titulaire de la rente ne peut être validé que parce qu'on le considère comme la condition d'une « donation faite par le stipulant au promettant » du montant de la rente. Or, le mot donation, ici, est évidemment impropre, et le mot de dation convient seul. Il ne faut donc pas hésiter, si l'on veut expliquer la décision de l'article 1973, à substituer le terme de « dation » au terme de « donation » dans la seconde hypothèse de l'article 1121. Et, cela fait, on n'éprouvera plus aucune difficulté à faire rentrer dans cette seconde hypothèse le cas de l'assurance de la vie, où le souscripteur stipulant fait bien aussi *dation* des primes à la compagnie promettante pour qu'elle s'engage envers le tiers bénéficiaire. C'est donc dans la seconde espèce prévue par l'article 1121 (alinéa 1er) qu'il faut chercher la décision qui permet de donner effet à la promesse de l'assureur envers le tiers (1).

3° Ce second système exige, on le voit, qu'on étende le sens du mot « donation » employé par le code, pour y faire rentrer tous les cas de simple « dation ».

Ne pourrait-on pas arriver au même résultat sans faire dire au texte rien de plus que ce qu'il paraît dire ? On l'a soutenu également. Mais pour cela il ne faut plus faire appel à la seconde hypothèse de l'article 1121 ; il faut revenir à la première espèce, mais interprétée d'une autre façon qu'elle ne l'était tout à l'heure, dans la première théorie que nous avions examinée. Dans cette première théorie, en effet, on considérait l'*intérêt moral* du promettant comme étant le vrai fondement de la validité de l'engagement pris par le promettant envers le tiers. Mais cet intérêt moral n'est pas le seul, ni peut-être même le principal intérêt que trouve le stipulant dans le contrat qu'il passe avec le promettant : il y trouve aussi un *intérêt pécuniaire*.

1. Voir, en ce sens, *Pandectes Françaises*, article « Assurance sur la vie », tome X, p. 116, et ss.

Supposons, en effet, que le bénéficiaire désigné par la police d'assurances refuse l'offre du stipulant, ou bien qu'il meure sans l'avoir acceptée, ou bien que, avant qu'il ait accepté, le stipulant retire son offre ; dans tous ces cas, la disposition du droit reviendra au stipulant lui-même, et il sera (ou sa succession sera) substitué au bénéficiaire. En sorte que la compagnie d'assurances s'engage bien envers le tiers, mais seulement sous une alternative : car, à défaut de ce tiers, dans les trois cas précités, le stipulant lui-même ou sa succession pourra être appelé à recueillir le bénéfice du droit. Il y a donc là comme une sorte d'obligation alternative (1) : alternative non dans son objet, sans doute, mais dans le créancier qui doit en devenir titulaire. Et c'est par là que se justifie, au point de vue des textes, l'obligation contractée par l'assureur envers le tiers : cette obligation est accollée, en quelque sorte, à l'obligation qu'il a contractée envers le stipulant, puisqu'une seule d'entre elles pourra venir à effet.

L'obligation envers le stipulant qui valide l'opération n'est pas l'obligation d'indemniser le tiers; c'est l'obligation d'indemniser le stipulant lui-même, sous la condition que le tiers ne recueille pas l'émolument auquel il est appelé. C'est cette dernière obligation qui est le centre de l'assurance. Mais, elle ne peut se réaliser que si l'assureur a été, à un moment quelconque, obligé en-

1. Voir la note de M. A Boistel, dans Dalloz, 1889, II° partie, p. 130.

vers le tiers. Le droit du stipulant à l'indemnité existe, en effet, si la condition mise au droit du tiers vient à défaillir. Mais pour qu'elle vienne à défaillir, encore faut-il qu'elle ait pu se réaliser. Il faut donc que le droit du tiers ait existé, quitte à être postérieurement résolu. Un droit résoluble doit nécessairement être reconnu au tiers, pour que sa résolution puisse donner ouverture au droit du stipulant. La validité de la promesse faite au tiers devra donc être admise, comme condition de la validité de la promesse faite, sous une alternative, au stipulant lui-même. Et c'est bien de la première espèce prévue par l'article 1121 que devra être tirée la règle qui valide l'assurance sur la vie.

Telles sont les trois principales idées qui ont été mises en avant, à notre connaissance, pour faire rentrer l'assurance sur la vie, contractée au profit d'un tiers déterminé, dans l'un des cas de stipulation pour autrui validés par l'article 1121.

Nous ne choisirons pas entre elles. Car, quelle que soit celle qu'on adopte, les résultats pratiques, d'une part, et les conclusions théoriques relatives à l'objet principal de cette étude, d'autre part, sont absolument les mêmes.

Les résultats pratiques sont les mêmes. Car l'une ou l'autre de ces solutions suffit pour donner au bénéficiaire un droit direct contre l'assureur. La faillite du souscripteur ne dépouillera donc pas de son droit le bénéficiaire. S'il est fils du souscripteur, il trouvera son droit à l'indemnité dans la succession de son père, mais il l'y prendra *jure proprio*, et non pas *jure hereditario*, c'est-à-dire que les créanciers de la succession ne lui seront pas préférés. La libéralité qui lui a été faite par son père ne sera donc soumise à la réduction que quant aux primes payées par celui-ci. Et elle ne devrait non plus être soumise en rapport que pour ces mêmes primes.

L'acceptation du tiers rend son droit définitif envers le stipulant, qu'elle empêche désormais de changer les conditions de la police. Cette acceptation peut intervenir même après la mort du stipulant (1). Cette mort du stipulant a même pour le tiers un effet utile, en ce qu'elle rend irrévocable l'offre faite par le stipulant au tiers, offre que les héritiers du stipulant ne sont plus admis à rétracter ; ceci pourtant est controversé (2). Ainsi l'acceptation de l'offre du stipulant par le tiers est nécessaire pour rendre son droit irrévocable ; mais, à quelque moment qu'elle ait été donnée, elle rétroagit au jour de la stipulation, et produit ainsi ses effets dès le moment de la signature de la police. C'est tout ce qu'il faut, en somme, pour sauvegarder les droits du bénéficiaire et respecter les intentions du stipulant.

---

1. MM. Colmet de Santerre et Laurent le contestent. Mais la plupart des auteurs sont en ce sens, ainsi que les décisions les plus récentes de la jurisprudence (Cassation, 8 février 1888 ; Sirey, 1888, 1º partie, p. 127 et ss.).

2. Voir *Pandectes Françaises, loc. cit.*

Telles étant les conséquences pratiques des trois systèmes ci-dessus exposés, examinons enfin les conséquences théoriques que leur admission entraîne au sujet de la question qui nous préoccupe surtout dans cette étude : la question de savoir si un engagement peut résulter d'une déclaration unilatérale de volonté. Nous pourrions déjà affirmer, *a priori*, que ces trois systèmes reconnaissent effet obligatoire à une semblable déclaration : car tous trois font reposer le droit du tiers sur une stipulation pour autrui, et nous avons montré, dans le chapitre précédent, que, dans toute stipulation pour autrui valable, est impliquée une déclaration unilatérale de volonté. Mais nous pouvons encore faire cette preuve plus directement, en examinant successivement chacun de ces trois systèmes.

Dans le premier, aucun doute : l'engagement du promettant envers le tiers est justifié par l'intérêt moral du stipulant; il s'appuie sur le contrat passé entre le stipulant et le promettant, mais enfin, considéré en lui-même, il n'est qu'une déclaration unilatérale de volonté.

Dans le second système, la difficulté n'est guère plus grande : le stipulant fait donation, ou plutôt dation des primes au promettant, et celui-ci en échange prend, par la simple déclaration de sa volonté, l'obligation envers le tiers de l'indemniser.

Avec le troisième système, la même solution semble d'abord plus contestable : l'obligation d'indemniser assumée par le promettant étant adressée plutôt au stipulant qu'au tiers, on pourrait croire qu'elle est une obligation contractuelle, prise d'accord avec le stipulant, et dont le tiers n'est créancier qu'accessoirement. Mais ceci ne serait pas exact. Lors même que le stipulant est considéré comme pouvant devenir titulaire personnel du droit, il n'en reste pas moins vrai que le premier titulaire est le tiers, puisque le stipulant ne sera appelé à recueillir le bénéfice de la stipulation que dans des cas en somme exceptionnels. L'obligation née envers le tiers ne peut donc pas être simplement considérée comme un accessoire de l'obligation contractée envers le stipulant. Sans doute elle tire sa valeur juridique de cette dernière, mais enfin elle ne se confond pas avec elle. Et il faut nécessairement admettre que, si le promettant a promis l'indemnité « au tiers ou, à son défaut, au stipulant, » il a bien pu la promettre au stipulant par contrat, mais il n'a pu la promettre au tiers que par une déclaration de volonté unilatérale.

Il n'y a donc pas, à proprement parler, *une* obligation alternative ; il y a deux obligations accolées, mais distinctes, dont la seconde ne sera valable que si la condition mise à la première vient à défaillir. On peut bien, par faveur pour cette seconde obligation, reconnaître valeur juridique à la première, afin que la défaillance de la condition à laquelle celle-ci est subordonnée donne éventuellement ouverture au droit du stipulant. Mais on ne saurait annihiler la première au profit de la seconde. Et si la seconde — l'obligation du promettant envers le stipulant — résulte de l'accord de leurs volontés, la première — l'obligation du promettant envers le tiers — résulte de la volonté du promettant seul. Sans doute cette dernière obligation elle-même n'a de valeur juridique que parce qu'elle s'appuie sur la convention passée entre le stipulant et le promettant ; mais enfin elle en est distincte ; et, comme le tiers n'a pas été appelé à joindre sa volonté à celle du promettant, il faut dire que celui-ci est lié envers lui par la manifestation de sa propre volonté.

En somme donc, quelle que soit celle des trois idées énoncées plus haut qu'on adopte, l'assurance sur la vie devra être considérée comme une simple application de la stipulation pour autrui. Et dès lors il faudra dire que, le tiers en retirant un droit direct sans y être intervenu, le promettant est obligé envers lui par la simple promesse qu'il a faite ; promesse qui est la résultante, à vrai dire, du contrat intervenu entre le stipulant et lui, — mais qui ne se réduit pas au contrat même, et qui est une véritable déclaration de volonté unilatérale.

CHAPITRE IV

LE TITRE A ORDRE.

SOMMAIRE. — Systèmes qui expliquent le titre à ordre : 1° par un contrat avec cession de créances ; 2° par une déclaration unilatérale de volonté ; 3° par un contrat appuyant une déclaration unilatérale de volonté (stipulation pour autrui).

Les titres à ordre et les titres au porteur sont invoqués fort souvent par les partisans de la théorie nouvelle à l'appui de leur idée fondamentale, de cette idée qu'une manifestation unilatérale de volonté suffit à obliger son auteur. Et ces deux sortes de titres sont le plus souvent réunis dans une même étude : les partisans de la théorie nouvelle aiment à étendre au titre à ordre ce qu'ils ont démontré du titre au porteur (1), et leurs adversaires, ceux qui ne voient

1. Dernburg, Pandektem, 1884-86, p. 24, § 9; Lehrbuch des Preussischen Privatrechts, 1882, t. II, § 15, note 2. — Renaud, Lehrbuch des Wechselrechts, 1868, p. 45 et ss. — Bluntschli, deutsches Privatrecht, 1864, § 163. — Einert, Wechselrecht, p. 525. — Le Projet de Code Civil allemand, qui applique la théorie nouvelle aux titres au porteur, indique, dans l'exposé de ses motifs (t. II, p. 690), qu'elle devrait être étendue aux titres à ordre par le droit commercial.

dans la transmission de ces titres qu'une cession de créance cherchent au contraire à s'appuyer sur le titre à ordre pour donner du titre au porteur la même explication (1). Les uns et les autres, quoique avec des vues précisément opposées, souscrivent en somme à cette formule, qui assimile les deux classes de titres : « La raison veut que leur nature soit identique : le titre au porteur n'est qu'un titre à ordre perfectionné, le titre à ordre un titre au porteur qualifié (2) ». Et sans doute il existe entre ces deux sortes de titres d'importantes ressemblances. Notamment, cette double règle, que « les exceptions personnelles opposables au preneur ne le sont pas au porteur ultérieur », mais que cependant « les sûretés qui garantissaient la créance aux mains du preneur continuent à la garantir aux mains des porteurs ultérieurs », cette règle est commune aux deux ordres de titres; et c'est même la contradiction que semblent présenter ses deux parties, qui constitue le principal obstacle à l'établissement d'une théorie juridique de ces titres.

Mais nous estimons cependant qu'il existe, au point de vue qui nous occupe, une différence trop radicale entre ces deux sortes de titres pour que nous puissions songer à les traiter dans un même chapitre. Le titre au porteur, en effet, est souscrit envers personne absolument indétermi-

1. En ce sens, Wahl, *Traité des titres au porteur*, Paris, 1891.

2. Wahl, *op. cit.*, tome I, p. 216— Mentionnons toutefois le dissentiment de M. Saleilles, qui n'admet pas l'assimilation des deux ordres de titres.

née ; le plus souvent même, le signataire écrit son engagement avant d'avoir la moindre notion de celui qui en sera
le premier titulaire. Il n'en est pas de même dans le titre
à ordre. Celui-ci porte le nom d'un premier créancier ; et
l'obligation a été contractée, au moins dans une certaine
mesure, *intuitu personœ creditoris* (1). Il y a donc lieu d'é-
tudier séparément les deux sortes de titres. Nous commen-
cerons par ceux qui nous semblent se rapprocher le plus
des institutions juridiques que nous avons précédemment
étudiées, par les titres à ordre.

Trois principales théories peuvent être émises pour
expliquer la nature juridique du titre à ordre.

I. — *Théorie du contrat et de la cession de créances.*

Pour les uns, le fonctionnement du titre à ordre s'expliquerait parfaitement par les règles ordinaires du contrat
et de la cession des créances. Prenons pour exemple la
lettre de change. Le tireur contracte avec un preneur ; et
celui-ci passe le bénéfice de sa créance à des endosseurs
successifs. L'endossement n'est qu'une cession simplifiée,
dispensée, par faveur pour le commerce, des formalités
imposées à la cession civile par l'article 1690.

Cette théorie si simple se heurte, croyons-nous, à des
objections insurmontables. La comparaison de la cession

---

1. Nous exceptons, bien entendu, les titres à ordre en blanc, qui
sont en somme des titres au porteur.

et de l'endossement a soulevé de vives critiques (1), qui n'ont pas toutes une égale valeur, mais dont quelques-unes nous paraissent décisives.

1° L'obligation du cessionnaire ordinaire est, dit-on, précisément l'inverse de l'obligation du tireur et des endosseurs. « Le cessionnaire est garant de l'existence de la dette, non de son paiement ; le tireur et les endosseurs garantissent, au contraire, au porteur le paiement, non l'existence de la dette (2). » L'argument est ingénieusement présenté, mais, croyons-nous, insuffisant. Car l'obligation du tireur et des endosseurs est bien mieux qu'une obligation de garantie ; c'est une obligation principale, tout au moins jusqu'à l'acceptation du tiré et dans les cas où celui-ci n'a pas provision. Et cela est vrai encore, et même avec plus d'évidence, pour l'obligation qui incombe au signataire du simple billet à ordre, dont il faut cependant bien tenir compte. Cet argument n'est donc pas démonstratif. Passons à d'autres que nous croyons plus importants.

2° Les droits du porteur d'un billet à ordre sont plus étendus que ceux du cessionnaire d'une créance. Car le dernier peut se voir opposer les exceptions personnelles au cédant (la compensation par exemple), tandis que le débiteur du billet à ordre ne peut opposer au dernier por-

1. Th. Huc, *Traité de la cession et de la transmission des créances*, Paris, 1891, tome II, p. 282 et ss.

2. Huc, *op. cit.*, t. II, p. 286.

teur les exceptions personnelles qu'il eût pu opposer aux bénéficiaires précédents.

C'est là, à notre sens, l'objection capitale à laquelle se heurte la théorie qui assimile l'endossement à une cession. Les partisans de cette théorie ont fait de vains efforts pour lever cette objection. La réponse qu'ils lui font d'ordinaire est que, en adoptant la forme à ordre, le débiteur a précisément renoncé à opposer au porteur les exceptions qu'il eût pu opposer aux porteurs précédents. Mais n'est-ce pas répondre à la question par la question même ? On demande « pourquoi, si l'endossement est une cession, ne produit-il pas les effets ordinaires de la cession ? » et toute la réponse qu'on donne est celle-ci : « parce que telle est sa nature » ; cela est vraiment trop simple. — Mais non, répondent les partisans de l'idée de cession, ce que nous invoquons, c'est la volonté du débiteur, qui a renoncé d'avance, en faveur du cessionnaire, à lui opposer les exceptions personnelles au cédant. Mais qu'est-ce à dire ? C'est dire que le débiteur a entendu s'engager envers le dernier porteur avec la même étendue qu'il s'engage, *au moment où il négocie son titre*, envers le preneur lui-même, sans que son obligation envers le dernier porteur puisse être amoindrie par le fait de ses relations personnelles ultérieures avec le preneur primitif. Donc c'est dire, en somme, que l'obligation du débiteur envers le dernier porteur, née en même temps que son obligation envers le preneur, devient immédiatement indépendante de cette dernière et ne subit plus le contre-coup des modifications qui peuvent atteindre celle-ci. Mais accepter cette proposition, ce n'est plus défendre la théorie de la cession ; c'est admettre une tout autre doctrine, que nous allons bientôt retrouver.

3° Enfin contre l'assimilation de l'endossement à la cession il existe un dernier argument, d'ordre tout historique. Ceux qui font cette assimilation disent : « L'endossement est une cession pour laquelle les besoins du commerce ont fait admettre des formalités plus simples que celles de la cession ordinaire. » Dans cette théorie donc, l'endossement dériverait historiquement de la cession par voie de simplification. Or, ce n'est pas du tout ce que nous montre l'histoire. Les premières lettres de change que nous connaissions, en effet, sont des lettres au change *au porteur* (1) ; et ce n'est que plus tard que s'introduisit l'usage de souscrire la lettre de change au nom d'une personne déterminée, avec adjonction de la clause *à ordre*. Mais pourquoi fit-on ce changement? Pour donner au dernier porteur une garantie de plus, celle de la signature des bénéficiaires précédents. Ainsi la pratique de l'endossement s'introduisit par un renforcement des formalités préexistantes, et nullement par leur simplification ; elle s'introduisit en vue de donner au dernier porteur un droit contre les précédents bénéficiaires, et non de lui transmettre le droit de

---

1. Voici de toutes la plus ancienne. « Simon Rubeus, *bancherius, fatetur habuisse libras 34 danarium Januæ* (denier de Gênes) *et danarios 32, pro quibus Wilhelmus, bancherius, ejus frater, debet dare in Palerma marcas octo boni argenti, illi qui illi dabit hanc çartam...* » Voir Huc, *op. cit.*, p. 283.

ceux-ci contre le débiteur; cette pratique de l'endossement s'établit donc, en somme, sans aucun lien avec la pratique de la cession. Entre ces deux institutions, il n'existe
donc pas plus de corrélation historique que de corrélation
logique.

Ce qu'il faut conclure de ces divers arguments, c'est que
l'endossement ne peut pas être considéré comme une cession simplifiée; c'est que chaque porteur, par suite, ne
peut être regardé comme l'ayant-cause des bénéficiaires
précédents, mais au contraire comme ayant un droit propre, indépendant de celui des porteurs antérieurs. Et par
suite le débiteur n'est pas tenu d'une obligation unique, se
transmettant de main en main par l'endossement; il est
tenu d'autant d'obligations qu'il y aura de créanciers successifs, mais sous cette condition que le paiement fait au
dernier le libèrera vis-à-vis des autres.

Telle est, croyons-nous, la conclusion à laquelle mène-
rait également l'analyse directe de la volonté du débiteur,
qui emploie, pour s'engager, la forme du titre à ordre.

II. — *Théorie de l'engagement par déclaration unilatérale.*

A l'opposé de la théorie qui explique le mécanisme du
titre à ordre par un contrat et une cession de créances, se
place la théorie qui l'explique par une simple déclaration
de volonté unilatérale (1).

1. Sur les défenseurs de cette nouvelle théorie, voir la première
note de ce chapitre.

Le débiteur s'engage, dit-on dans cette théorie, par le seul fait qu'il signe le titre, envers quiconque en sera porteur. Cette théorie n'est pas moins simple que la précédente. Mais ce que nous lui reprochons, c'est justement d'être trop simple. Sans doute, elle a le mérite de répondre à une des principales difficultés que soulève l'étude du titre à ordre, comme du titre au porteur : la non-opposabilité au dernier porteur des exceptions personnelles opposables aux porteurs précédents, combinée avec la conservation, entre les mains de celui-là, des sûretés données à ceux-ci. Elle résout, disons-nous, cette difficulté : car en admettant que le débiteur s'oblige d'avance envers tous les porteurs à la fois, on comprend : 1° qu'il ne puisse opposer au dernier les exceptions personnelles aux autres, puisque le dernier n'est pas l'ayant-cause des précédents, mais un créancier direct du débiteur ; 2° et que cependant le dernier ait droit aux mêmes sûretés que les premiers, puisque la dette a été contractée envers lui sous les mêmes conditions et avec les mêmes garanties qu'envers les premiers. Cette grave difficulté est donc levée par la théorie que nous exposons en ce moment. Mais elle en soulève une autre, qui lui est propre. En décidant que le débiteur s'engage envers *tous* les bénéficiaires à la fois, on ne fait aucune distinction entre ceux-ci. Or, la nature même du titre à ordre exige, semble-t-il, qu'on distingue entre ces bénéficiaires : le preneur, en effet, ne saurait être totalement assimilé aux porteurs ultérieurs. Car enfin, le débiteur a vraiment *contracté* envers lui ; leurs consentements respectifs ont dû être échangés pour la négociation du titre, leurs volontés se sont rencontrées ; tandis qu'au contraire le débiteur est obligé envers les porteurs ultérieurs sans avoir lui-même contracté avec eux, sans concours de volontés entre eux et lui. De sorte qu'on ne peut pas assimiler l'engagement du débiteur envers le preneur aux engagements qu'il prend envers les porteurs ultérieurs. Si l'on peut voir dans ces derniers les résultats d'une déclaration de volonté purement unilatérale, il faut voir dans le premier le résultat d'un contrat. La théorie qui déclare le débiteur tenu ici par la simple émission de sa volonté unilatérale, doit donc être rejettée comme excessive.

III. — *Théorie de la stipulation pour autrui.*

Mais les critiques que nous avons adressées aux deux précédentes théories contiennent par avance la justification d'une troisième théorie, qui voit dans le titre à ordre *la combinaison d'un contrat et d'une série d'engagements par déclaration de volonté unilatérale.* Que fait le débiteur, en effet ? Il contracte avec le preneur. Mais en même temps, et pour garantir au preneur la facile négociation de son titre, il s'engage par avance à payer au porteur que lui désignera le titre lui-même. Il prend donc engagement envers les porteurs ultérieurs du titre, encore indéterminés au moment où il le souscrit. Et cet engagement résulte nécessairement d'une déclaration de volonté uni-

latérale, puisque les bénéficiaires n'unissent pas leur volonté à celle du signataire, au moment où celui-ci s'oblige
envers eux. Seulement, cet engagement repose sur le
contrat passé avec le premier preneur ; et c'est celui-
ci qui explique à la fois leur raison d'être et leur validité
juridique. Nous sommes donc, en somme, dans un cas très
voisin de ceux que le précédent chapitre examinait :
nous sommes dans un véritable cas de **stipulation** pour
autrui. Car, ici encore, le preneur **stipule**, en son propre
nom, quelque chose **pour lui**, et quelque chose pour autrui.
C'est, si l'on **veut**, une stipulation « pour soi-même et
pour autrui ». Mais nous avons vu qu'une « stipulation
pour soi-même » est nécessairement impliquée dans toute
« stipulation pour autrui », et que même la première fait
seule le fondement juridique de la validité de la seconde.
Le titre à ordre rentre donc bien dans la classe des opérations étudiées plus haut, sous le nom générique de stipulations pour autrui, opérations dans lesquelles un contrat sert de base à un engagement pris, au moyen d'une
déclaration unilatérale de volonté, par une des parties au
contrat envers un tiers qui n'y a pas été appelé. La seule
différence qu'il y ait entre le cas du titre à ordre et les cas
précédents (assurance sur la vie au profit d'un tiers déterminé par exemple), c'est que, dans le titre à ordre, l'engagement par déclaration unilatérale est pris au profit de
tiers multiples et indéterminés. C'est donc, si l'on veut,
une espèce à part ce n'est pas, en tout cas, un genre
nouveau.

La solution que nous venons d'adopter nous paraît présenter les avantages des deux autres, sans en avoir les inconvénients. Avec la première, en effet, elle maintient le caractère contractuel de l'engagement pris envers le preneur. Avec la seconde, elle écarte la fausse notion que le dernier porteur est l'ayant-cause des précédents. Elle aussi permet de lever l'objection tirée du conflit des deux principes cités plus haut (principe du maintien des sûretés, et principe de la non-opposabilité des exceptions), puisqu'elle aussi admet l'unité de lien avec la pluralité des créanciers. Elle satisfait donc totalement, croyons-nous, et elle satisfait seule, à la fois les exigences de la raison et les besoins de la pratique. Nous estimons donc qu'elle peut seule être adoptée.

CHAPITRE V

LE TITRE AU PORTEUR.

SOMMAIRE. — Systèmes qui fondent le titre au porteur : 1° sur une série de contrats directs passés par le débiteur avec les porteurs successifs ; 2° sur un contrat passé avec le preneur, avec cession de créance ; 3' sur une stipulation pour autrui ; 4° sur une déclaration de volonté unilatérale.

En ce qui concerne les titres au porteur, les éléments qui doivent concourir à la formation de leur théorie sont en partie les mêmes que pour les titres à ordre, en partie différents. Comme éléments communs, il faut signaler les deux principes dont nous avons déjà indiqué plus haut l'apparente antinomie, celui du maintien en faveur du dernier porteur des garanties données au premier bénéficiaire, et celui de la non-opposabilité à ce dernier porteur des exceptions personnelles opposables aux précédents. Comme principal élément nouveau, il faut signaler ce fait que le premier porteur n'a plus ici un caractère différent de celui des porteurs ultérieurs ; son nom ne figure pas sur le titre ; le débiteur ne s'est pas obligé envers lui spécialement, il s'est obligé envers quiconque serait porteur du titre, sans que le titre eût à indiquer le nom de ce créancier. C'est la combinaison de ces divers éléments, unis à quelques autres que nous trouverons chemin faisant, qui a donné naissance à un grand nombre de systèmes, tous destinés à expliquer la nature juridique du titre au porteur. On peut ranger ces différents systèmes en quatre groupes, suivant qu'ils voient dans l'opération :

1° Une série de contrats directs passés par le débiteur avec tous les porteurs successifs ;

2° Un contrat passé par le débiteur avec le premier porteur, et suivi d'une série de cessions par lesquelles la créance passe de ce premier porteur au dernier ;

3° Un contrat passé par le débiteur avec le premier porteur, contrat sur lequel s'appuierait une déclaration de volonté unilatérale liant le débiteur aux porteurs ultérieurs ;

4° Un engagement collectif du débiteur envers tous les porteurs à la fois, engagement pris par une simple manifestation unilatérale de volonté.

Premier groupe de systèmes.

Le premier groupe comprend les systèmes qui cherchent à expliquer les droits de *tous* les porteurs de la même façon, par des contrats passés entre *eux tous* et le débiteur.

Ces systèmes, s'ils pouvaient être admis, auraient évidemment un avantage : celui de concilier au profit du dernier porteur, le maintien des sûretés avec la non-opposabilité des exceptions, puisqu'ils donneraient au dernier porteur la même créance et les mêmes garanties qu'aux premiers, sans en faire l'ayant-cause de ceux-ci. Malheureusement, ils se heurtent tous à des impossibilités juridiques. C'est ce que montre une rapide revue de ces systèmes.

1° Le premier de ces systèmes, qui est celui d'Einert, parle d'un « contrat passé par le souscripteur du titre avec le public ». Mais une semblable espèce de contrat n'est évidemment pas possible dans notre législation actuelle.

2° D'autres jurisconsultes, entre autres Goldschmidt (1), estiment que le débiteur a contracté avec les porteurs eux-mêmes, mais alors qu'ils étaient encore personnes incertaines. — Mais on ne peut pas plus contracter avec des personnes incertaines qu'on ne peut contracter avec le public. Car tout contrat exige le consentement des deux parties. Or, des personnes incertaines, pas plus que le public, ne peuvent consentir. On ne peut donc contracter avec elles.

Pour lever cette difficulté, des auteurs ont imaginé de dire que le public, ou que les futurs porteurs, contractaient par l'intermédiaire d'un représentant qui stipulait en leur nom. De là deux nouveaux systèmes.

3° Pour les uns, ce représentant serait le débiteur lui-

1. Voir l'article de Goldschmidt, « die Kreations theorie » dans *Zeitschrift für das Handelsrecht*, tome III, 1889, p. 145.

même (1). Celui qui va émettre un titre au porteur tiendrait
en quelque sorte avec lui-même un dialogue dans lequel
il jouerait à la fois les deux rôles opposés de créancier
et de débiteur. Comme créancier, il stipulerait de lui-
même au nom des tiers; comme débiteur, il se ferait à
lui-même une promesse à leur profit. Cela est ingénieux
assurément. Mais, au lieu d'imaginer ce dialogue un peu
trop hypothétique, pourquoi ne pas reconnaître tout simplement que le débiteur s'engage sans créancier?

4° Pour d'autres, le représentant des porteurs futurs
serait le premier preneur, lequel stipulerait *en leur nom*, et
comme leur gérant d'affaires (2). Mais cette idée de gestion d'affaires ne nous paraît pas plus défendable ici qu'en
matière d'assurance sur la vie (3). Le premier preneur a
évidemment entendu agir dans son intérêt propre beau-
coup plus que dans l'intérêt des porteurs ultérieurs. Si on

---

1. Voir Unger, *die rechtliche Natur des Inhaberpapiers*, 1857, p. 106,
et Gierke, der Entwurf (dans la *Revue de Schmoller*, XIII, p. 222).

2. M. Wahl, t. I, p. 214-215, a le tort de confondre ce système,
dans lequel le premier preneur stipule au nom des porteurs ultérieurs et comme gérant d'affaires, avec le système dans lequel il stipule en son nom, mais à leur profit comme au sien, ce qui est la
vraie stipulation pour autrui, que nous retrouverons plus loin. Il y
a entre ces deux systèmes la même différence qu'entre le système
de M. Labbé et celui que nous avons nous-même défendu en matière
d'assurance sur la vie.

3. Voir plus haut, seconde partie, chap. III.

veut reconnaître à l'acte du premier preneur un rôle décisif dans la formation des obligations du débiteur, il faut
aller jusqu'au bout de l'idée, et voir en lui un contractant
qui cède ultérieurement le bénéfice de sa créance. Nous
sommes ainsi conduits à l'examen des systèmes du second
groupe.

Deuxième groupe de systèmes.

D'après les systèmes que nous allons maintenant étudier, la source de l'obligation du débiteur se trouve encore
dans un contrat. Mais cette fois il n'y a plus une
série de contrats distincts passés avec les divers porteurs
successifs ; il n'y a plus qu'un *contrat unique*, passé par
le débiteur avec le premier preneur, et dont celui-ci
transporte ultérieurement le bénéfice aux autres porteurs. Suivant la façon dont s'opère cette transmission,
on peut distinguer dans ce groupe divers systèmes :

Pour les uns (1) la transmission s'opère par voie de
cession. Les bénéficiaires ultérieurs du titre au porteur
seraient les cessionnaires du premier porteur, tout comme
les endosseurs du titre à ordre sont, dit-on, les cessionnaires du preneur ; seulement, les formalités nécessaires
pour la cession d'un titre au porteur sont encore plus simples que celles qui sont nécessaires pour la cession d'un
titre à ordre, puisque l'endossement est ici remplacé par

1. En ce sens, Wahl, et les auteurs cités par lui, t. I, p. 216, n° 4.

la simple remise manuelle. Nous nous sommes déjà expliqué sur ce système à propos du titre à ordre. Et si nous l'avons rejeté à propos du titre à ordre, à plus forte raison devons-nous le rejeter à propos du titre au porteur. Il nous paraît tout à fait abusif de considérer comme les cessionnaires du premier porteur, des bénéficiaires ultérieurs contre lesquels ne peut être invoquée aucune des exceptions personnelles opposables à leur auteur prétendu.

Pour la même raison nous devrons rejeter les différents systèmes qui voient, dans la transmission que le premier porteur fait de sa créance aux bénéficiaires ultérieurs :

1° Soit une délégation,

2° Soit une novation,

3° Soit une subrogation conventionnelle,

4° Soit enfin une succession à titre singulier du dernier bénéficiaire dans les droits du premier porteur (1).

Troisième système.

Les considérations que nous venons de présenter à propos des systèmes du second groupe montrent qu'il n'est pas possible de considérer les bénéficiaires successifs du titre au porteur comme les ayant-cause du preneur. Il faut donc leur reconnaître un droit distinct du sien. On est ainsi amené à réintroduire la notion d'une obligation immédiate du débiteur envers tous les porteurs successifs;

1. Kuntze, *die obligation und die singular-succession.*

mais nous avons déjà vu, par la réfutation des systèmes du premier groupe, que cette obligation ne peut résulter d'un contrat passé entre le débiteur et ces divers porteurs; elle ne peut donc résulter que d'une manifestation unilatérale de la volonté du débiteur lui-même. De là deux systèmes nouveaux. L'un, le plus radical, et que nous examinerons tout à l'heure, voit une déclaration de volonté unilatérale dans tous les engagements pris par le débiteur, même envers le preneur primitif; l'autre, que nous avons à étudier maintenant, donne un contrat comme base à l'obligation du débiteur envers le preneur, et une déclaration unilatérale comme base à son obligation envers les bénéficiaires ultérieurs. D'après ce système, en somme, le débiteur traite avec le preneur; et, comme condition du contrat, il prend, par déclaration unilatérale, l'engagement de payer au porteur la somme marquée sur le titre.

Il y aurait donc, dans l'opération, union d'un contrat et d'une déclaration unilatérale appuyée sur le contrat; il y aurait stipulation pour autrui. Le titre au porteur s'expliquerait exactement comme le titre à ordre (1). Cette théorie, évidemment, a certains avantages que nous sommes loin de méconnaître. Le principal de ces avantages, à nos yeux, est qu'elle résout la difficulté que ne parvenaient pas à lever les systèmes du second groupe, à savoir la nécessité de concilier en faveur du porteur le maintien des

1. Voir, sur cette théorie, les auteurs cités par Wahl, t. I, p. 214, b, Gareis, Brunner, etc.

sûretés et la non-opposabilité des exceptions. Elle la résout, parce qu'elle admet à la fois l'unité de la créance et la pluralité des créanciers, idée qui nous est trop familière maintenant pour que nous ayions besoin ici d'y insister de nouveau. Cette solution de la difficulté lui est d'ailleurs commune avec les systèmes du premier groupe ; mais elle a sur ceux-ci l'avantage de ne pas impliquer l'idée chimérique d'un contrat avec personnes indéterminées. — Mais, d'autre part, cette théorie se heurte à des objections d'une portée considérable :

1° Il ne nous paraît pas fort rationnel, tout d'abord, de donner un contrat comme base à l'obligation du débiteur envers le preneur. Cette idée, qui se défend fort bien, qui s'impose même, croyons-nous, en matière de titre à ordre, ne saurait plus être admise en matière du titre au porteur. Car ici, nous devons le répéter, la personne du premier titulaire de la créance est fort indifférente au débiteur. En donnant à son obligation la forme « au porteur », le débiteur a expressément manifesté son intention de faire appel au public tout entier, c'est-à-dire à tout preneur indifféremment. Le débiteur a dit, en somme, au public : « Je m'engage à telle prestation envers quiconque acceptera mes conditions ; je ne réserve pas à tel ou tel la possibilité de devenir mon créancier ; j'ouvre à tous cette faculté ; quiconque sera porteur du titre par lequel je m'engage sera mon créancier direct et unique ». Il ne nous semble donc pas que *rationnellement*, on puisse faire, pour l'origine et la nature des obligations nées du titre au porteur, aucune distinction entre le preneur et les porteurs ultérieurs.

2° Cette solution aurait de plus, *pratiquement*, un grand désavantage, qui lui est commun d'ailleurs avec les systèmes du second groupe, et qui tient à ce que, comme ceux-ci, elle subordonne les droits des porteurs ultérieurs à un contrat passé avec le preneur. Voici cet inconvénient. Supposons le preneur incapable ; le contrat n'a pas pu valablement se former ; étant sans valeur, il n'a pas pu donner force à la déclaration, appuyée sur lui, par laquelle le débiteur s'engageait envers les porteurs ultérieurs ; donc le débiteur n'est pas engagé envers ces porteurs (1). Si le preneur invoque son incapacité pour se soustraire aux obligations nées du contrat à sa charge, les porteurs n'ont plus action contre le débiteur. Or, une semblable conséquence est évidemment de la dernière gravité dans la pratique. Elle suffit donc pour faire rejeter le système qui la produit.

En un mot donc, on ne peut pas considérer le preneur comme ayant contracté avec le débiteur. Mais, *a fortiori*, ce ne sont pas non plus les porteurs ultérieurs qui ont pu contracter avec le débiteur. Il ne reste donc qu'une solu-

1. Pour les systèmes du second groupe, on dirait : « Le preneur, n'ayant pas droit, n'a pu céder un droit qu'il n'avait pas ; les porteurs ultérieurs, étant ses ayant-cause, n'en ont donc pas plus que lui. » Réserve faite, bien entendu, de leur recours contre lui, et des règles relatives à l'annulation des contrats.

tion possible, à savoir celle-ci : « Le débiteur est engagé
envers *tous* les porteurs quelconques (le preneur y compris),
non en vertu d'un contrat, mais en vertu d'une simple déclaration unilatérale de sa volonté. »

Quatrième système.

Nous venons de formuler le quatrième système, celui
qui ne voit à l'obligation du débiteur d'autre source qu'une
manifestation de sa volonté. Ce système, nous l'avons établi par avance, en en dégageant les divers éléments de la
réfutation des doctrines opposées. Il nous semble fondé
rationnellement sur l'analyse des intentions du débiteur,
qui a entendu s'engager envers personne indéterminée, et
qui n'a pu évidemment le faire que par une déclaration
unilatérale. Sans doute, cette idée d'un engagement dérivant d'une pure déclaration unilatérale de volonté cadre
mal avec les habitudes de l'esprit juridique français. A
vrai dire, ceux-là même qui se refusent à admettre qu'on
puisse être engagé par sa seule volonté, ne nient pas que,
rationnellement, on ne le puisse ; ils se bornent à soutenir que, pratiquement, on ne saurait faire passer ce principe dans la législation, vu l'impossibilité de donner date
et contenu certains à une déclaration unilatérale, et de la
rendre irrévocable. Mais précisément ces dangers pratiques ne se présentent pas dans le titre au porteur ; sa
forme même lui donne une date et un contenu certains,

et le garantit contre la révocation arbitraire que le débiteur voudrait faire de son engagement. Aussi le projet de Code civil allemand, qui cependant en principe refuse à la simple déclaration de volonté unilatérale le pouvoir d'engager son auteur, lui accorde-t-il par exception cet effet en matière de titre au porteur (1). Et telle est la solution que nous voudrions voir passer dans la doctrine et dans la loi.

Mais il nous reste à préciser notre théorie, et à la défendre contre certaines objections.

En premier lieu, envers qui est pris l'engagement unilatéral ? Envers le titre lui-même, dit-on parfois (2). C'est là une idée qui ne nous paraît pas défendable, du moins dans l'état de notre législation. Rationnellement, sans doute, on ne voit pas d'absolue impossibilité à ce que le créancier d'une obligation soit une chose (3). Mais les principes de notre droit repoussent cette conception : ils admettent qu'une personne puisse avoir des droits sur une personne, qu'une personne puisse avoir des droits sur une chose, même qu'une chose puisse avoir des droits sur une chose (servitudes), mais non qu'une chose puisse avoir des

---

1. Art. 685. Nous faisons toutes nos réserves, d'ailleurs, sur le système du projet, qui voit une déclaration de volonté parfaite dans le seul fait de la signature du titre.

2. C'est la théorie de la personnification (Wahl, t. I, p. 180 et ss.) qu'il ne faut pas confondre avec celle de l'incorporation.

3. Une application de cette idée se trouve dans la promesse de fondation du droit allemand.

droits sur une personne. Il faut donc dire que l'obligation du débiteur est contractée, non envers le titre, mais envers ses porteurs.

Mais de là naît une autre difficulté. Le débiteur prend-il un seul engagement, envers « quiconque sera porteur du titre », ou bien une série d'engagements simultanés, envers tous les porteurs successifs ? Dans ce débat, d'ailleurs purement théorique, nous opterions pour la première solution: car comment le débiteur peut-il avoir contracté *une série d'engagements* envers tous les porteurs, alors qu'il ignore quel sera le nombre de ces porteurs ? Un unique engagement unilatéral envers le porteur du titre, quel qu'il doive être, voilà, à nos yeux, la source de l'obligation du débiteur.

Reste une grave difficulté. A quel moment le débiteur est-il obligé ? Il semble que ce doive être au moment même où il signe le titre constatant son obligation. Mais alors supposons qu'il perde le titre avant de l'avoir négocié, ou qu'on le lui vole avant cette négociation. Celui qui aura perdu ou volé le titre pourra donc s'en prévaloir, et sera fondé à en réclamer le montant ! Oui, répond le projet du *Code civil allemand* (1). Et l'on n'a pas manqué de défendre cette solution en disant que la sûreté du commerce l'exige ainsi : il faut, dit-on, que ceux auxquels le voleur passe son titre, deviennent

---

1. En ce sens aussi, voir l'arrêt célèbre du tribunal supérieur de commerce allemand, du 27 février 1875.

créanciers, car ils ne peuvent savoir comment le titre est
venu en la possession de leur auteur (1) ; et il faut que le
voleur lui-même, s'il n'est pas à proprement parler propriétaire du titre, ait du moins le droit de se faire payer
les sommes qui y sont portées (2). Nous repoussons nettement cette dernière décision. Car elle nous paraît directement contraire à l'idée maîtresse de la théorie même dont
elle veut le faire dériver. L'idée maîtresse de la théorie,
en effet, c'est que la volonté de l'individu suffit à l'obliger.
Mais, le signataire du titre a-t-il eu la volonté de s'obliger
envers le voleur ? Non, évidemment, il n'a entendu s'engager qu'en échange d'une prestation de deniers qu'on lui
ferait. Une fois le titre négocié, il sera obligé envers tout
porteur, même envers celui qui aurait volé le titre à un
créancier régulier ; car il n'importe pas au débiteur que ce
soit tel ou tel qui puisse demander le paiement de la
créance, pourvu que lui-même ait reçu les espèces contre
lesquelles il entendait s'engager. Mais avant la négociation du titre le débiteur ne peut être obligé : car il ne
l'a pas voulu. Que faut-il donc dire ? Il faut dire qu'il
s'engage par la signature du titre, mais *sous la condition que ce titre sera négocié par lui et qu'il en touchera
la valeur.* Décision bien conforme à sa volonté réelle,
et qui a l'avantage de ne l'obliger que si la condition

1. Art. 879 du Projet ; et art. 307 du Code de commerce allemand.
2. Art. 687 du Projet ; et art. 1045 du Code saxon.

à laquelle il a entendu s'engager se réalise (1). — Mais, dira-t-on, ne retombez-vous pas par là dans le troisième système, ne faites-vous pas naître l'engagement du débiteur d'un contrat passé entre lui et le preneur originaire du titre ? Nullement ; nous subordonnons, il est vrai, la naissance de l'obligation au fait de la négociation du titre, c'est-à-dire, si l'on veut, à la formation d'un contrat. Mais l'engagement, en lui-même, résulte simplement de la déclaration de volonté du débiteur. Le contrat avec le premier preneur est la condition de l'obligation, il n'en est pas la source (2).

Ainsi la théorie de l'engagement par déclaration unilatérale subsiste tout entière. Pas plus, en somme, que les trois formes de systèmes précédentes, elle ne nous force à déclarer le signataire du titre obligé avant sa négociation. Et si nous la comparons à ces différents systèmes, nous voyons qu'elle en a tous les avantages sans en avoir les inconvénients. Contre le second système, elle maintient à chaque porteur un droit propre et indépendant. Elle peut donc, avec le premier et le troisième systèmes, permettre au dernier porteur d'invoquer les mêmes sûretés que le premier sans se voir repousser par les mêmes exceptions.

1. Mais faut-il dire que, une fois accomplie, la condition rétroagit au jour de la signature ? La question ne nous paraît pas avoir d'intérêt pratique.

2. Une solution assez semblable à la nôtre nous paraît donnée par Forster-Eccius et par Carlin, cités par Saleilles, no 276.

Mais elle sait aussi se débarrasser de la fausse idée des systèmes du premier groupe, l'idée d'une série de contrats simultanés passés avec les porteurs successifs ; et elle parvient à écarter la dangereuse conséquence qu'aurait, avec le troisième système, l'incapacité du premier porteur. Cette quatrième théorie est donc celle qui donne le maximum de garantie aux porteurs successifs, sans rien sacrifier des droits du débiteur. Nous ne saurions donc pas nous refuser à l'adopter.

Qu'en va-t-il résulter pour la thèse fondamentale que nous examinons dans cette étude ? Il en résulte que nous sommes en présence d'un cas où une déclaration de volonté unilatérale a effet obligatoire par elle-même. Ici en effet il ne faut même plus (comme dans les divers cas de stipulation pour autrui), pour que la déclaration de volonté unilatérale soit valable, qu'elle soit le résultat, le produit d'un contrat, qu'elle soit l'objet de l'obligation d'une des parties contractantes. Sans doute, ici même, nous venons de voir qu'un contrat est nécessaire pour marquer l'accomplissement de la condition sous laquelle est contractée l'engagement pris par déclaration unilatérale. Mais ce contrat, nous l'avons dit, ne fonde pas l'obligation, il ne fait que fixer le moment à partir duquel elle doit être considérée comme portant effet. Jusqu'à ce contrat l'obligation était conditionnelle, mais elle existait ; le contrat fait réputer la condition accomplie, il ne crée pas l'obligation même. Nous reconnaissons donc bien que le contrat joue ici un

rôle important, mais nous nions qu'il joue un rôle *essentiel*. Il donne un créancier à l'obligation, mais, déjà avant
lui, elle avait un débiteur. Elle est donc, en somme, quant
à son origine première, indépendante de lui. Ici donc l'engagement par déclaration de volonté unilatérale n'a plus
besoin d'un contrat, sinon pour porter effet, du moins pour
exister, au minimum à titre virtuel.

L'indépendance théorique de cet engagement, son droit
à l'existence individuelle, se trouve donc établi. Et c'est
tout ce que la théorie nouvelle peut raisonnablement
demander.

CHAPITRE VI

L'OFFRE.

En dehors des cas déjà étudiés, la théorie nouvelle voit dans *l'offre* un cas où une volonté unilatérale oblige son auteur par sa seule déclaration.

Les différentes offres qui auraient ainsi le pouvoir de lier leur auteur peuvent se ramener à quatre groupes principaux :

1° L'offre de vendre ou d'acheter une marchandise à un prix fixé.

2° L'offre de faire un ouvrage ou de rendre un service à un prix fixé ; Rentrent dans cette catégorie : l'offre que fait une compagnie de chemins de fer ou de bateaux, de transporter des hommes ou des marchandises ; l'offre que fait un hôtelier de ses logements ; l'offre que fait un théâtre des places contenues dans sa salle ; et généralement toute demande d'emploi.

3° L'offre de payer à un prix fixé un ouvrage ou un service. Telles sont l'offre d'emploi, la promesse de courtage à qui rendra un bon office déterminé, la promesse de récompense à qui rapportera un objet perdu, la proposition de prix à qui accomplira le mieux une certaine tâche, etc...

4° L'offre de faire un ouvrage ou de rendre un service en échange d'un autre service ou d'un autre ouvrage.

On a reconnu immédiatement les quatre classes de faits distingués par le droit romain : *do ut des ; facio ut des ; do ut facias ; facio ut facias ;* classification commode, mais qui ne saurait évidemment avoir nulle prétention à la rigueur scientifique.

Voilà une première division des offres. A un second point de vue, on peut encore distinguer les offres faites à personne déterminée, et les offres faites à personnes indéterminées. Enfin, suivant le moyen employé pour faire connaître l'offre, on distinguerait l'offre verbale, l'offre par lettres, l'offre par mandataires, l'offre par affiches ou circulaires, etc. Mais toutes ces classifications n'ont pas une fort grande importance à nos yeux, en ce sens qu'elles n'ont qu'une médiocre influence sur la théorie juridique de l'offre. Venons-en donc immédiatement à l'étude des effets de l'offre.

L'offre lie-t-elle son auteur ? Examinons d'abord, sur ce point, la législation et la jurisprudence. En France, les Codes sont muets, mais plusieurs textes officiels viennent dire que l'offre crée une obligation à la charge de son auteur. Ainsi le cahier des charges des grandes compagnies de chemin de fer (art. 49, 1er alinéa), dit qu'une compagnie, qui a offert de transporter des marchandises à un prix déterminé, ne peut plus s'y refuser quand quelqu'un a accepté son offre. De même, le décret du 12 mars 1859, sur les magasins généraux, leur impose de recevoir les marchandises au prix qu'ils ont une fois annoncé (1). Sur les autres sortes d'offres, la jurisprudence et la doctrine sont également d'accord pour leur faire produire effet. Il a été décidé, entre autres, que :

1º L'aubergiste ne peut refuser de recevoir un voyageur dans les conditions portées sur son enseigne ;

2º Une compagnie de transports maritimes qui a annoncé qu'elle effectuerait des transports sur un navire moyennant un fret déterminé, ne peut se refuser à transporter pour ce fret les marchandises qui lui sont présentées (2);

1. Cf. Cassation, Chambre civile, 20 mars 1876.

2. En ce sens, Aix, 8 février 1853. A signaler pourtant, en sens

3° Quand une marchandise est offerte à la devanture d'un magasin avec indication de prix, ceux qui se présentent pour l'acheter au prix annoncé ne peuvent être repoussés (1) ; à moins cependant qu'ils ne prétendent acheter en gros ce qui n'était offert qu'en détail, ou réciproquement, car alors ils sortent des conditions implicites de l'offre.

Si nous passons à l'étranger, nous voyons que le Code de commerce allemand, sans poser d'ailleurs de règle générale, décide, à propos de la vente, que l'offre de vente faite à plusieurs personnes (par exemple, par communication de prix courants, de catalogues, de modèles ou d'échantillons) ne lie pas son auteur (article 337 ; reproduit par le Code Hongrois dans son article 337, alinéa 2). Cette disposition est d'ailleurs considérée par les jurisconsultes allemands comme établissant, non une règle absolue, mais une simple présomption, que la preuve contraire peut écarter (2). Fût-elle d'ailleurs impérative, elle ne saurait rien préjuger sur la question générale de l'offre. Et, au contraire, nous voyons le projet de Code civil allemand considérer, à la suite de toute la doctrine allemande (3),

contraire, Trib. Comm. Marseille, 9 novembre 1880. Voir Lyon-Caen, et Renault. *Traité de droit commercial*, 1891, t. III, p. 15.

1. Tribunal de la Seine, 5 janvier 1869.

2. Voir Hahn, Commentar zum Handels-gesetz-buch.

3. Voir, sur cette question de l'*Auslobung*, les auteurs de Pandec-

l'offre de récompense comme liant son auteur (1). Mais en quel sens le lie-t-elle ? On eût pu décider, et c'est l'opinion qui domine dans la doctrine française, que le pollicitant est lié quand quelqu'un a accepté son offre. Cela supposerait que ce quelqu'un a connu l'offre et a marqué le désir d'en remplir les conditions, peut-être qu'il s'est mis à l'œuvre pour les remplir, mais cela n'exigerait pas qu'il eût terminé le travail. Avec cette doctrine, l'offrant serait lié par un véritable contrat. Mais ce n'est pas ce qu'à voulu dire le projet allemand : il a entendu que l'offrant serait lié par sa seule promesse, alors même qu'aucune autre volonté ne serait venue concourir avec la sienne (2). Le promettant peut, sans doute, en principe retirer son offre. Mais du jour où quelqu'un a achevé l'œuvre pour laquelle récompense était promise, le promettant est obligé, alors même que celui qui a exécuté l'œuvre n'aurait nullement, en l'exécutant, connu la promesse, et aurait par conséquent agi sans nulle intention d'accepter l'offre. Cette décision est donc très analogue à celle que nous avons donnée nous-même par les titres au porteur. Celui qui promet une récompense est lié par sa seule offre sous la condition que quelqu'un soit venu exécuter l'œuvre demandée ; de même que celui qui émet un titre au por-

---

tes, et les nombreux jurisconsultes cités par Wahl, tome I, page 191, note 4.

1. Articles 581 et ss.

2. Article 581.

teur est lié par sa seule signature, sous la condition que quelqu'un soit venu payer le prix d'émission. Telle est la solution du projet allemand, le plus logique à notre avis.

Nous savons toutefois que ce n'est pas l'idée généralement admise par la doctrine française, qui ne veut voir d'autre source licite à l'obligation que le contrat, et qui s'efforce de prouver que l'offre n'oblige que quand elle est acceptée et que le concours des volontés s'est produit. C'est surtout à propos de l'offre de vente que cette idée a été mise en avant. Transportons donc la discussion sur ce terrain, en nous réservant bien entendu de tirer ensuite, de la solution que nous aurons donnée pour cette question spéciale, les éléments d'une théorie générale des effets de l'offre.

Voici un négociant qui m'écrit pour me proposer de me vendre du vin à un prix qu'il m'indique. Son offre évidemment l'oblige. Mais à quoi l'oblige-t-elle exactement? A me livrer le vin à ce prix, s'il me convient. Sans doute ; mais cette offre va-t-elle l'obliger indéfiniment ? Sera-t-il obligé d'attendre que je refuse pour reprendre la disposition de son vin? Ne pourra-t-il par aucun moyen se délier de sa promesse ? Voilà qui serait injuste, assurément, et la loi ne peut se montrer pour lui aussi rigoureuse. Il faut donc dire qu'il pourra reprendre sa promesse, tant que je ne l'aurai pas acceptée. Oui, mais d'autre part n'allons-nous pas maintenant trop loin dans ce nouveau sens ? Prenons garde de ne pas détruire totalement son obligation fondamentale, sous couleur de lui permettre le retrait d'une proposition non acceptée. Il y a une mesure à garder dans cette permission que nous lui donnons. Il faut qu'il puisse reprendre son offre, c'est vrai, mais il faut qu'il ne puisse la reprendre que lorsque j'aurai eu moi-même un délai suffisant pour examiner sa proposition et me prononcer. Autrement toute offre risquerait d'être un leurre. Nous le voyons donc, il faut que l'offrant soit tenu de maintenir envers moi son offre pendant un certain temps. Obligation qui ne se confond pas, pour lui, avec son obligation principale, celle de me délivrer la chose au prix indiqué, si j'accepte le marché. Voilà donc deux obligations distinctes à la charge de l'offrant. Et tel est précisément le sens de l'ingénieuse distinction introduite par Siegel (1) et niée à tort par Stobbe (2), entre l'obligation de s'en tenir à sa parole (pendant un certain délai) et l'obligation d'exécuter sa promesse (après accep'tation de l'autre partie).

Il faut maintenant examiner de plus près ces deux obligations. Commençons par la moins importante en apparence, l'obligation de maintenir son offre pendant un certain délai. Cherchons d'abord en quoi elle consiste ; nous verrons ensuite son explication juridique.

1. Siegel, das Versprechen als Verpflichtungsgrund.
2. Stobbe, dans *Zeitschrift fur Rechtsgeschichte* (t. XIII).

Quel est le délai pendant lequel la promesse doit être maintenue ? Ce délai peut être fixé par la loi : le code autrichien (1) et le code de la Louisiane (2) fixent des délais de ce genre. Souvent aussi il sera fixé dans l'offre même ; ainsi le négociant écrit dans sa lettre : « vous aurez huit jours pour vous décider » ; il ne peut plus alors se dédire dans ce délai. Enfin, à défaut de la loi ou d'une indication contenue dans l'offre même, il faudrait évaluer le délai d'après le temps moralement nécessaire à la partie à qui s'adresse l'offre pour l'examiner et y répondre (3).

Mais quelle va être aux différents moments, la situation de cette partie ? Pour fixer les idées, supposons que l'offre est faite par la lettre et que la lettre contient fixation d'un délai de huit jours. Alors, trois situations doivent être envisagées.

1. Chap. X VII, art. 862.

2. Art. 1791 et ss.

3. Nous reproduisons ici les articles 3, 5 et 6, du Code fédéral (suisse) des obligations, qui résolvent excellemment la question : « Toute personne qui propose à une autre la conclusion d'un contrat, en lui fixant un délai pour accepter, est liée par son offre jusqu'à l'expiration du délai. Elle est dégagée, si l'acceptation ne lui est pas parvenue avant le terme fixé (art. 3) ». « Lorsque l'offre a été faite sans fixation de délai à une personne non présente, l'auteur de l'offre reste lié jusqu'au moment où il peut s'attendre à l'arrivée d'une réponse qui serait expédiée à temps et régulièrement (art. 5) ». « Il n'est pas lié, lorsqu'il a fait à cet égard des réserves formelles (art. 6) ».

1° La lettre est envoyée, mais n'est pas encore parvenue à destination. C'est un principe, imposé par la raison, que l'offre ne produit effet qu'une fois parvenue à la connaissance du destinataire (1). Jusque-là donc, l'offrant pourra se rétracter ; mais à une condition : c'est que le télégramme ou la lettre de rétractation arrive au destinataire avant la lettre contenant l'offre ou au plus tard en même temps (2). Autrement l'offre une fois reçue le destinataire aurait pu légitimement compter sur elle ; et le promettant ne serait plus admis à la rétracter même par une lettre *écrite* (mais non parvenue) avant la réception de l'offre.

2° L'offre est parvenue à destination, et on est dans le délai de huit jours donné par l'offrant. Aucun doute : il ne pourra se dédire pendant ce délai.

3° Mais voici que ce délai expire. Que va devenir l'offre ? Tombera-t-elle ou subsistera-t-elle ? D'abord, cela dépend de ses termes mêmes. Si l'offrant a dit : « Vous

---

1. En ce sens, projet de Code civil allemand, art. 74, et Code de commerce allemand, art. 297.

2. C'est ce que décide l'article 7 du Code fédéral des obligations ainsi conçu : « L'offre est considérée comme non avenue, si le retrait en parvient avant l'offre ou en même temps. » Même décision, dans cet article pour l'acceptation, laquelle sera également considérée comme non avenue si le retrait en parvient avant la réception ou en même temps.

aurez huit jours pour vous décider ; faute par vous d'avoir fait connaître votre volonté dans les huit jours, vous serez considéré comme refusant (1) », il est bien certain qu'il sera dégagé par l'expiration du délai sans acceptation. Mais s'il n'a rien dit, que décider ? Le projet de Code civil allemand décide que l'offre tombera d'elle-même par l'expiration du délai (2).

Dans le silence des textes français, on doit pencher chez nous pour la solution contraire, qui maintient l'offre après l'expiration du délai, tant que l'offrant ne l'a pas révoquée (3). Et cette révocation elle-même, tout comme l'offre et l'acceptation, n'aura effet à l'égard de l'autre partie que lorsqu'elle lui sera parvenue.

D'où la décision suivante. Supposons que le délai une fois expiré, le négociant révoque son offre ; sa lettre étant écrite, mais non encore parvenue à destination, l'autre partie accepte, et met à la poste la lettre contenant son acceptation ; l'acceptation lie le promettant, car la partie adverse était en droit d'accepter, puisque la révocation ne lui était pas parvenue au moment où elle a mis sa propre lettre à la poste.

Tels sont donc les effets de l'obligation qu'a l'offrant de

1. Nous n'examinons pas le cas où il aurait dit : « Faute par vous d'avoir fait connaître votre volonté dans les huit jours, vous serez considéré comme acceptant. » C'est une tout autre question qui n'a rien à faire avec les *devoirs* de l'offrant.

2. Art. 82.

3. Voir Demolombe, tome XXIV, livre III, titre III, chap. I.

maintenir son offre, pendant un certain délai d'abord, et
ensuite (sauf convention) jusqu'à révocation expresse. La
raison d'être de cette obligation, nous l'avons trouvée plus
haut dans le besoin de protéger la partie qui reçoit l'offre.
Mais quelle est son explication juridique ? Autrement dit,
à quelle source la rattacher ?

L'idée la plus simple, celle qui vient, croyons-nous, le
plus naturellement à l'esprit, c'est que l'offrant est tenu
par son offre même ; c'est qu'il doit faire honneur à sa parole, simplement parce qu'il l'a émise. Et cependant cette
idée n'est pas acceptée par tous. Des jurisconsultes, d'ailleurs éminents, ont cherché ici encore à rattacher cette
obligation à une idée de contrat. Le destinataire, a-t-on
dit, a reçu la lettre contenant à la fois l'offre principale et
la fixation du délai. Or, dans cette proposition d'un délai
pour réfléchir, il n'y a rien que d'avantageux pour lui :
puisqu'on lui donne le droit de se prévaloir de l'offre si elle
lui plaît, sans qu'il soit lui-même tenu à rien, si elle ne lui
plaît pas. Donc il est probable qu'il acceptera la proposition,
— entendons bien, non pas l'offre d'achat, mais la proposition d'un délai pour réfléchir ; et cette acceptation devient
même certaine (quoique tacite) par le fait qu'il ne retourne
pas la lettre à l'offrant. Donc il se forme entre lui et l'offrant un contrat, par lequel les deux parties, d'un commun
accord, constituent le délai; et c'est ce contrat qui oblige
l'offrant à maintenir son offre pendant le temps fixé (1). —

1. Demolombe, *loc. cit.*, n° 64 et ss.

Nous n'acceptons pas les résultats de cette analyse. Elle a, à nos yeux, un double tort. Elle présume chez le destinataire de la lettre une intention d'accepter le délai, qu'en fait il n'a pas eue le plus souvent : lequel d'entre nous lit tous les prospectus qu'on lui adresse journellement, avec l'intention de « profiter du délai d'acceptation » qu'ils peuvent contenir ? Et surtout, elle présume chez l'offrant une intention de proposer un contrat accessoire, que nous ne trouvons pas chez lui. L'offrant n'a pas voulu faire une convention annexe ; à quoi lui pourrait-elle servir ? Il n'a pas *offert* un délai, il l'a *fixé*, ce qui est très différent. Il a dit : « je vous *propose* mon vin ; accessoirement, je vous *donne* huit jours pour vous décider, je m'*oblige* à tenir mon vin pendant ces huit jours à votre disposition ». C'est de sa volonté seule qu'émane cet engagement annexe, et pour le former, il n'a pas plus demandé une acceptation que l'autre partie n'en a donnée.

Reconnaissons donc nettement qu'il y a, dans cette obligation de s'en tenir à son offre pendant le délai imparti, un engagement né simplement d'une déclaration unilatérale de volonté, émanée du débiteur.

Voilà pour l'obligation accessoire — celle de s'en tenir à sa parole. Passons à l'obligation principale — celle d'exécuter sa promesse. De cette dernière, nous n'avons pas à étudier les effets : ce serait faire toute la théorie de l'exécution des obligations. Nous n'avons à examiner que son mécanisme juridique. — Gardons toujours le même exemple. Quand est-ce que le négociant sera tenu d'exécuter sa promesse? Quand son correspondant aura accepté son offre, c'est évident. Oui ; mais alors, *en vertu de quoi* sera-t-il tenu de l'exécuter ? En vertu du contrat intervenu entre eux deux, répond-on. Sans doute, cette solution est exacte en général, mais elle ne l'est pourtant pas dans tous les cas. Supposons que, avant l'acceptation, le négociant ait changé d'avis. Quand l'acceptation arrive, il ne veut plus s'exécuter. Peut-être, trouvant ailleurs de meilleures conditions, a-t-il vendu à un tiers le vin promis à son correspondant. Celui-ci sera-t-il désarmé ? Ne pourra-t-il obtenir l'exécution de la promesse à lui faite? Il ne le pourra pas, doivent répondre les partisans de la théorie du contrat ; car, au moment où son acceptation est intervenue, la volonté du négociant n'était plus de traiter avec lui : il ne s'est donc pas formé de contrat, et le correspondant ne peut réclamer la livraison de la marchandise. Tout au plus l'article 1382 lui permettrait-il de demander des dommages-intérêts au négociant, s'il était établi qu'il a souffert, du chef de l'offre non exécutée, un sérieux préjudice.

Si cette solution devait être adoptée, il y aurait, nous ne craignons pas de le dire, une grave atteinte portée à la sécurité des transactions. Tous, et surtout tous les commerçants, reçoivent à chaque instant des offres ; et tous comptent qu'elles seront tenues : s'il est loisible à l'offrant de se dédire, quelle perturbation générale! Heureusement

la jurisprudence ne décide pas ainsi. Elle oblige le promettant à délivrer sa marchandise aux conditions de son
offre (1). S'il l'a vendue et que le tiers acheteur soit de
bonne foi, elle se borne parfois à accorder des dommages-
intérêts à la partie lésée, lorsqu'il est prouvé que cette réparation suffit. Mais elle n'hésite pas à prononcer la nullité de
la vente faite pour frauder l'acceptant de ses droits, si c'est le
seul moyen de lui faire rendre justice (2). Et c'est cette jurisprudence qui est la bonne et qui doit persister chez nous.
L'idée qui s'en dégage, et que nous croyons vraie, c'est que
le promettant est obligé, *par sa seule promesse,* à s'exécuter
quand l'autre partie aura accepté. Lorsque cette acceptation interviendra, il sera lié. Cette acceptation devra intervenir, sans doute, mais non pour former un contrat : il n'en
est pas besoin, et le contrat serait d'ailleurs impossible si
l'offrant avait changé de volonté (3). Elle devra intervenir,

1. Voir les arrêts cités au début de ce chapitre.

2. Voir une série d'arrêts qui commencent avec l'année 1848 et se
poursuivent dans les années suivantes — Notamment, Dalloz, 1849,
II° partie, 46.

3. Certains partisans de la « théorie du contrat » pour pouvoir décider que le promettant est tenu d'exécuter son offre même, soutiennent que le contrat s'est formé par l'acceptation de l'autre partie,
bien que l'offrant ait changé d'intention. Et voici le curieux raisonnement qu'ils font (v. Demolombe, *loc. cit.*). « L'auteur de l'offre en
l'émettant, a émis la volonté de *former le contrat* quand l'autre partie aurait accepté. Par son acceptation, l'autre partie émet une vo-

mais uniquement comme étant la condition mise par le promettant à la naissance de son obligation. Le promettant, en effet, ne s'est engagé que sous la condition que l'autre partie s'engagerait à son tour envers lui ; et c'est ce contre-engagement que vient formuler l'acceptation. L'acceptation est donc simplement la condition dont l'arrivée fait porter effet à l'engagement pris par le promettant dans sa déclaration unilatérale de volonté. Mais il importe peu dès lors que lorsqu'elle arrive le promettant ait changé de volonté : car sa première déclaration le lie, quelles que puissent être ses intentions ultérieures. Il importe peu même, qu'il soit mort ou devenu incapable: car sa capacité ne peut s'apprécier qu'au jour de son propre engagement. Il faut seulement que son offre n'ait pas été utilement rétractée : or, la mort et la perte de la capacité le rendent jus-

lonté analogue. Les deux volontés se rencontrent, et le contrat est formé ». — Enoncer cette proposition, c'est la réfuter. On dit que l'offrant, a, par son offre, manifesté la volonté de *former le contrat* quand l'autre partie accepterait. Mais le contrat ne peut se former que si la volonté *actuelle de l'offrant concourt avec celle de l'accep*tant. L'offrant a donc, par son offre, manifesté la volonté de maintenir, jusqu'à l'acceptation, sa volonté de contracter. Mais si sa volonté de contracter a disparu au moment de l'acceptation, par quoi sera-t-il tenu ? par sa première volonté, qui l'obligeait à ne pas changer d'intention. Donc c'est toujours et uniquement par sa première déclaration, par sa déclaration de volonté unilatérale qu'il est lié.

tement irrétractable — On le voit donc, c'est encore une
déclaration **unilatérale** de volonté qui fonde l'obligation
principale de l'offrant, celle de délivrer ; comme c'était elle
qui déjà fondait son obligation accessoire, celle de maintenir son offre pendant le délai fixé. Seulement l'engagement
pris dans cette déclaration est conditionnel, et la condition
n'est autre que l'acceptation de celui à qui l'offre a été
faite. De même, nous l'avons vu, en matière de titre au
porteur, l'engagement résultait d'une déclaration unilatérale, mais sous la condition qu'il se présenterait un preneur
à qui le titre serait négocié. L'exemple de l'offre est même
plus caractéristique que celui du titre au porteur. Car,
dans ce dernier, le preneur ne devenait titulaire qu'après
entente avec le débiteur. Dans l'offre, au contraire, l'acceptant devient créancier par sa seule acceptation. La condition à laquelle l'engagement individuel du débiteur porte
effet, était un contrat pour le titre au porteur ; pour l'offre,
ce n'est plus qu'une autre déclaration de volonté individuelle, l'acceptation. La conclusion de tout cela, c'est que
l'offre de vente, par elle-même, suffit à lier l'offrant. Son
obligation n'a pratiquement d'effet qu'au jour de l'acceptation ; mais elle a existence juridique au jour de l'offre elle-
même (1).

Il nous sera facile maintenant de dégager, de ce que
nous avons dit au sujet de la promesse de récompense et

1. Cf. Projet de Code civil allemand, article 80.

au sujet de l'offre de vente, l'esquisse d'une théorie géné
rale des effets de l'offre.

L'offre est un fait juridique engendrant ses conséquences propres. Dans certains cas, elle oblige celui qui l'a
émise à ne pas la retirer dans un certain délai. Dans tous
les cas, elle l'oblige à s'exécuter, dès que l'autre partie est
en situation d'invoquer le bénéfice de l'offre, et lors même
qu'il aurait changé d'avis, à moins qu'il n'ait à temps fait
connaître sa rétractation. — Mais, dira-t-on, quand est-ce
que l'autre partie peut invoquer le bénéfice de l'offre ? Pour
répondre, il faut distinguer suivant ce que l'autre partie
doit elle-même exécuter. S'oblige-t-elle à un « *dare* » ? En
ce cas, elle pourra réclamer l'exécution de l'offre par sa
simple acceptation, parce que cette simple acceptation lui
suffit pour transférer à l'offrant le droit à la contre-va-
leur. S'oblige-t-elle au contraire à un « *facere* » ? Il n'est
pas nécessaire qu'elle accepte, et il ne suffirait pas qu'elle
acceptât. Il faut qu'elle ait exécuté complétement l'ouvrage promis en contre prestation. C'est la solution donnée par le projet allemand au sujet de la promesse de
récompense ; et elle se justifie parfaitement, si l'on songe
que le fait de la partie à qui l'offre fut adressée, consiste
non à former un contrat, mais à accomplir la condition
sous laquelle l'offre avait été faite. C'est donc à partir de
ce moment, à dater de cette acceptation ou de cette complète exécution suivant les cas, que l'engagement pris par
l'offrant d'exécuter son offre aura un créancier. Mais, ce
qu'il ne faut pas oublier, c'est que déjà auparavant elle

avait un débiteur ; puisque, par le seul fait de l'offre, et promettant avait déjà au moins une obligation : celle de tenir son engagement quand un créancier l'aurait valablement relevé.

CHAPITRE VII

LA VOLONTÉ UNILATÉRALE DANS LES CONTRATS.

SOMMAIRE. — Les obligations des deux parties, dans un contrat, sont elles indépendantes l'une de l'autre ? Examen de cette question au point de vue de la loi française, et au point de vue rationnel.

Les différentes institutions que nous venons d'étudier sont-elles les seules, où l'on puisse voir des engagements résulter d'une pure déclaration de volonté unilatérale.

Ce n'est, à notre avis, qu'arbitrairement qu'on pourrait rapprocher, de ces cas, ceux du quasi-contrat, du délit et du quasi-délit. Le gérant d'affaires, sans doute, est obligé par son immixtion, le délinquant est obligé par son délit, c'est-à-dire que l'un et l'autre sont liés par leur fait volontaire. Mais évidemment, ici, ce n'est pas la volonté de l'obligé qui est la source de l'obligation. Car ils ont bien voulu quelque chose, mais ils n'ont pas voulu s'engager. Leur dette résulte, non d'un engagement qu'ils ont pris, mais de l'effet que la loi a attaché à leur acte. Leur volonté est, si l'on veut, l'occasion de leur obligation ; la loi seule en

est la source. — Et même la volonté n'est pas nécessaire à
la formation de ces obligations, car le *dominus rei gestæ* se
trouve obligé par le fait du gérant, sans que sa propre
volonté y soit pour rien. Il n'y a donc rien à tirer du quasi-
contrat et du délit pour la théorie nouvelle.

Mais n'y aurait-il rien à tirer des contrats eux-mêmes ?
Nous trouvons ici l'une des idées les plus ingénieuses de la
théorie : chercher à découvrir les effets de la volonté unilatérale dans un acte qui semble ne pouvoir résulter que du
concours des volontés. Examinons d'un peu près cette idée.

Nous avons vu, au chapitre précédent, que l'offre, par
elle seule, suffit à lier son auteur ; et que l'acceptation
survenue ultérieurement donne droit à l'acceptant, en
l'obligeant lui-même à la contre prestation demandée par
l'offrant. Mais cela ne montre-t-il pas qu'il y a dans tout
contrat deux actes bien distincts, l'acte de l'offrant et
l'acte de l'acceptant, et que ces deux actes ont chacun leurs
effets distincts ? On est ainsi amené à scinder tout contrat
en deux parties, l'offre et l'acceptation. Mais celle-ci, elle-
même, crée des charges pour l'acceptant, ne fut-ce que
l'obligation de s'en tenir à sa parole une fois qu'elle est parvenue à destination. On peut donc dire que tout contrat se
divise en deux parties : l'engagement de l'offrant et l'engagement de l'acceptant. Or ces deux engagements ont
chacun leurs conditions de validité distinctes, puisque chacun exige le consentement et la capacité de celui qui s'engage, puisque chacun a son objet et sa cause propres. Cha-

cun d'eux, même, a sa date distincte, puisque chaque partie est engagée du moment où elle s'est dessaisie de sa
volonté, c'est-à-dire du moment où sa volonté est parvenue
à destination. Enfin chacun a son effet indépendant, puisque la perte totale de la chose due par l'un, en le déliant
de toute obligation, ne délie pas l'autre. En un mot donc,
nous sommes en face de deux actes distincts, ayant chacun leurs conditions, leur date, leur effet propre. Le contrat n'est dès lors rien de plus que la somme de deux
déclarations de volonté unilatérales. Et ce qui fait sa force,
ce n'est pas le concours des deux volontés, c'est l'émission
de chacune d'elles.

Reprenons chacune des propositions qui viennent d'être
émises pour en chercher la valeur et la portée.

Et d'abord voyons ce qu'elles valent dans l'état actuel de
notre législation ; et cherchons si les interprétations nouvelles peuvent s'accorder avec l'esprit de nos textes. Il y a,
dit-on, deux actes dans tout contrat : celui par lequel l'offrant s'engage et celui par lequel s'engage l'acceptant.
Rien de mieux. Nous conviendrons même que ces actes
peuvent être séparés, par exemple dans le cas d'offre et
d'acceptation faites par lettres ; et qu'alors chacun d'eux
produit son effet distinct, en ce sens que l'acceptation rend
l'offre irrévocable, les intentions de l'offrant eussent-elles
changé. Tout cela est très vrai ; mais nous avons justement montré, au chapitre précédent, que, dans le cas que
nous venons d'indiquer (celui où l'acceptation valide une
offre que l'offrant renie), chacun des deux actes a effet par

lui-même, mais qu'il n'y a pas vraiment contrat formé. De ce que l'offre et l'acceptation ont chacun leur force propre, *en dehors des contrats,* il ne faut donc pas conclure trop vite qu'elles sont encore des actes distincts, quand un contrat est intervenu.

Venons donc à l'examen direct des engagements pris par les parties *dans le contrat.* Voyons leurs conditions de validité, leurs effets, leurs dates.

I. — Pour les conditions de validité, il est très vrai que chaque engagement n'exige que le consentement et la capacité de la partie qui s'oblige. L'article 1108 n'exige même que le consentement et la capacité *de l'obligé* pour la validité de la convention. Mais dans toute convention, nous l'avons dit, les deux parties s'engagent, puisque chacune a au moins l'obligation de s'en tenir à la parole donnée. Donc il faudra toujours que chaque partie consente, et qu'elle soit capable. Et d'ailleurs le terme même de consentement n'implique-t-il pas l'accord des volontés ?

De même chacune des obligations a son objet propre. Il est bizarre, en effet, de parler, comme on le fait souvent, d'un « objet du contrat ». Un contrat n'a pas d'objet, où plutôt il en a deux (1) : il y a l'objet de l'obligation de l'offrant, qui est l'exécution de l'offre ; et l'objet de l'obligation de l'acceptant, qui est la prestation promise en échange. Il est donc exact que chacun des deux engagements a un objet fort distinct de l'objet de l'autre engagement. Et

1. Ceci est vrai, du moins, pour les contrats synallagmatiques.

cependant on ne peut les considérer comme indépendants. Car précisément l'objet de l'un des engagements est cause de l'autre engagement. C'est parce qu'il a compté sur la contre-prestation que l'offrant s'est engagé; c'est parce qu'il a compté sur l'offre que l'acceptant a promis la contre-prestation. Si la notion de l'objet semble séparer les deux obligations, la notion de la cause les rapproche et en fait un tout indissoluble, puisque chaque obligation ne peut trouver sa cause, c'est-à-dire une des conditions de sa validité, que dans l'objet à la prestation duquel l'autre partie s'est obligée.

II. — L'étude des effets du contrat nous conduit-elle à un résultat différent ? Chacune des deux obligations, sans doute, a son effet propre et indépendant : et il est très vrai que si l'une des parties ne peut plus exécuter son engagement (par suite d'une perte de la chose due qui ne lui serait pas imputable), l'autre partie n'en reste pas moins tenue. Mais cela n'a rien de décisif. Car, de ce fait que les deux obligations, une fois formées, deviennent indépendantes, il n'en faut pas conclure que, dans la conception de ceux qui rédigèrent nos lois, elles pussent naître indépendamment l'une de l'autre. Il faut maintenir, au contraire, croyons-nous, qu'elles ont et ne peuvent avoir, dans le système de notre législation actuelle, qu'une origine commune, l'accord des parties.

III. — Enfin, quant aux dates respectives des deux engagements, peut-on soutenir qu'elles soient jamais distinctes? Le peut-on, même dans l'hypothèse la plus favo-

1able, celle du contrat par lettres? A quel moment chaque partie est-elle liée? Nous répondons sans hésiter : au moment où elle s'est dessaisie de sa volonté. Mais quand ce dessaisissement est-il opéré? Quand la lettre est remise à son destinataire : car jusque-là on peut la reprendre à la poste ou la révoquer par télégramme. — Mais s'ensuit-il que les deux obligations aient date distincte? Nous croyons que rationnellement il faudrait le décider. Car, en somme, dans ce qu'on appelle contrat par correspondance, il n'y a pas contrat. Il est chimérique, en effet, de chercher le moment où les deux volontés se rencontrent, vu que, une fois que l'offrant a fait son offre, il n'y songe plus : sa volition continue à porter effet, mais en tant que fait psychologique, elle cesse d'exister; et quand l'autre partie fait connaître son acceptation, celle-ci lie l'offrant, qui n'a plus l'intention expresse d'offrir, qui peut-être même a le regret formel de son offre. Toutes les difficultés dont on a arbitrairement compliqué cette question viennent de ce qu'on a cherché le moment auquel se produit l'accord des volontés, alors que cet accord ne se produit à aucun moment. Il faudrait, croyons-nous, renoncer une bonne fois à cette idée, aussi dangereuse que fausse, d'un contrat par lettres. Il faudrait tout simplement voir ici deux manifestations unilatérales de volonté, chacune obligatoire par elle-même, et appliquer les règles que nous avons posées dans le chapitre précédent au sujet des effets de l'offre et de l'acceptation. Mais nous nous hâtons de reconnaître que, avec les principes de notre législation actuelle, cette solution ne saurait prévaloir. Dans l'état de nos lois et de notre jurisprudence, il faut dire au contraire qu'on peut, à la lettre, contracter par correspondance. Et dès lors il faut dire que les deux obligations, se servant réciproquement de cause l'une à l'autre, n'ont pu commencer à exister qu'en même temps. L'obligation de l'offrant ne date donc que du jour de l'acceptation ; et c'est le moment où l'acceptant s'est dessaisi de sa volonté, c'est-à-dire le moment où sa lettre est parvenue à l'offrant — qui marque la formation du contrat.

Tout ceci peut se résumer en peu de mots. Dans l'état actuel de notre législation, il ne faut pas songer à appliquer aux contrats des règles d'interprétation tirées de la théorie nouvelle. Les principes s'y opposent. On peut, avec notre loi et notre jurisprudence actuelles, admettre que, dans certains cas exceptionnels, une déclaration de volonté unilatérale a effet : on doit même, croyons-nous, l'admettre dans la stipulation pour autrui, et ses applications (délégation, assurance, titre à ordre, etc.), dans le titre au porteur, même dans l'offre non suivie de la formation d'un contrat (ce qui suppose que l'offrant ne persiste plus dans sa première volonté au moment de l'acceptation). Mais on ne saurait l'admettre en thèse générale. Et notamment on ne peut voir dans un contrat la simple somme arithmétique de deux engagements distincts produits chacun par une déclaration unilatérale. Notre loi considère au contraire que le contrat constitue un tout complexe, où chacun de deux engagements sert à l'autre de cause, donc de condition de validité ; où chacun par suite n'existe que grâce à l'autre, et au même moment que l'autre. Il est donc bien exact que, pour notre loi, le concours des deux volontés est toujours nécessaire pour engendrer les effets du contrat, et que la théorie nouvelle ne saurait recevoir ici d'applications.

Mais la question est de savoir si notre loi est parfaite sur ce point. Le débat porte plus haut que sur des applications, il porte sur la valeur même de notre conception actuelle du contrat.

Or, peut-être la théorie nouvelle n'a-t-elle point tort, aux yeux de la pure raison, quand elle veut dissocier tout contrat en deux éléments parfaitement distincts. Cette solution, nous l'avons dit, nous paraît s'imposer dans le cas du contrat par lettre, où les volontés ne sont déclarées qu'après intervalle. Mais tout contrat, en somme, est un peu dans ce cas. Dans toute entente, l'une des parties commence, et l'autre ne parle qu'ensuite. Et chacun, en somme, s'oblige par son offre, nous l'avons montré ailleurs De sorte qu'il serait logique d'étendre à tout contrat la théorie de l'offre et de l'acceptation ; de déclarer chacune des parties obligée par sa seule déclaration de volonté. Ce ne serait pas nier la nécessité de l'acceptation, sans doute ; ce serait simplement faire de l'acceptation, non plus la *cause* de l'offre (car comment une cause peut-elle bien être postérieure à son effet?) mais simplement la *condition* à laquelle on pourra se prévaloir de l'offre contre celui qui l'a formulée. Chacune des deux manifestations de volonté, celle de l'offrant et celle de l'acceptant, aurait ainsi son autonomie : chacune aurait véritablement ses conditions, ses effets, sa date propre, ce qui est *logique et nécessaire*. — Mais ce serait détruire l'idée même du contrat, dira-t-on. — Ce ne serait en détruire, répondrons-nous, que la conception actuelle, qui est fausse.

CHAPITRE VIII

LA VOLONTÉ UNILATÉRALE DANS LES AUTRES ACTES JURIDIQUES.

SOMMAIRE. — Actes extinctifs d'obligations. — Actes créateurs de droits. — Actes exstinctifs de droits.

Avec les chapitres précédents, nous avons achevé l'étude de la volonté unilatérale, considérée comme source d'obligations, étude qui devait former tout notre travail. Cependant, comme les auteurs de la théorie nouvelle (M. Kuntze entre autres) ont insisté sur des faits d'ordre différents, mais dans lesquels ils voient également la manifestation unilatérale de volonté jouer un rôle essentiel, — l'occupation entre autres, et le testament, — nous ne pouvons nous refuser à examiner brièvement le rôle que joue une semblable déclaration dans l'ensemble des actes juridiques autres que ceux par lesquels s'établissent des obligations.

Tout acte juridique a pour effet de créer, de transformer, ou d'éteindre une obligation ; ou bien de créer, de transformer, ou d'éteindre un droit. Mais transformer un droit ou une obligation, c'est éteindre un droit ou une obligation préexistante, pour créer un droit nouveau ou une obligation nouvelle. Il n'y a donc, en somme, que quatre sortes d'actes juridiques : ceux qui créent des obligations, ceux qui éteignent des obligations, ceux qui créent des droits, ceux qui éteignent des droits.

Pour les actes créateurs d'obligations, nous avons déjà vu quel rôle y joue la volonté unilatérale. Quant aux actes qui les éteignent, on n'en peut citer qu'un où la volonté unilatérale ait effet : c'est l'offre réelle. Là, en effet, par suite d'une décision formelle de la loi, un débiteur peut se libérer par son simple fait. Quant au paiement, mode normal d'exstinction des obligations, il faut y voir aujourd'hui le produit d'un accord de volontés, et le concours de deux actes : celui du débiteur qui verse les espèces, et celui du créancier, qui les reçoit. Mais rationnellement on devrait étendre ici ce que nous disions des contrats à la fin du chapitre précédent, et distinguer dans le paiement ces deux actes, comme ayant chacun ses conditions et ses effets propres.

Passons aux actes créateurs de droits. On peut, dit la théorie nouvelle, par la seule manifestation de sa volonté, se créer à soi-même des droits; et l'on peut de la même façon en créer à autrui, en dehors de tout contrat. Deux applications principales sont faites, dit-on, de cette idée par nos législations modernes : la première en matière de droits réels, la seconde en matière de droits successoraux.

En matière de droits réels, l'occupation donne à son

auteur un droit sur la chose occupée ; la volonté du père de famille, qui a sur un de ses fonds établi une servitude au profit d'un autre, donne aux propriétaires ultérieurs du fonds dominant un droit à conserver le bénéfice de la servitude. — En matière de droits successoraux, l'héritier institué tient son droit sur les choses héréditaires, soit de son acceptation, si l'on considère celle-ci comme un vrai moyen d'acquisition, soit du testament, si on ne considère l'acceptation de l'héritier que comme « une renonciation au droit de renoncer » ; de toute façon, il tient son droit d'une manifestation de volonté unilatérale, que cette manifestation émane de lui-même ou de son auteur.

Nous ne contesterons pas la justesse de ces observations. Mais nous ferons remarquer que ces diverses acquisitions dérivent moins de la volonté même que de la loi, qui a attaché ici à la volonté un effet qu'elle eût pu logiquement lui refuser (1). Et surtout nous observerons qu'il ne s'agit ici que de droits sur des choses (droits sur des fonds de terre, ou droits sur les choses héréditaires). On ne saurait étendre arbitrairement cette théorie à la création de droits sur les personnes : car ici le droit a pour contre-

1. En matière de testament par exemple, c'est l'intérêt social qui seul justifie l'effet attaché à la volonté du disposant. Il n'y a plus ici, comme en matière de contrats, un effet *naturel* de la volonté qui s'impose à la raison pure, et que la loi ne fait que constater ; il y a vraiment ici un effet *créé par la loi*. De même en matière de droits réels créés par l'occupation.

partie une obligation ; or, l'on ne peut admettre que quelqu'un soit obligé en principe sans sa volonté ; on ne saurait donc soutenir, et aucun auteur juridique en effet n'est à notre connaissance allé jusque-là, que quelqu'un peut se créer à lui-même, ou créer à autrui, par sa seule volonté, un droit parfait sur un tiers.

Restent enfin les actes extinctifs de droits. La volonté unilatérale suffit-elle à les parfaire ? Il semble que, rationnellement, je puisse, par ma seule volonté, abandonner un droit que je possède. Mais il ne faut pas que cet abandon porte atteinte aux droits d'autrui. C'est ce qu'on décide fort sagement d'ordinaire en exigeant, pour la remise de dette, l'acceptation au moins tacite du débiteur ; tandis qu'on permet au créancier d'un droit réel de ne pas l'exercer, ou à l'héritier investi d'un droit successoral d'y renoncer. Nous retrouvons donc ici le même principe qui nous a guidé dans toute cette étude, et qu'on peut formuler ainsi : « La volonté individuelle est souveraine sur celui qui l'a émise, et impuissante à l'égard des tiers. »

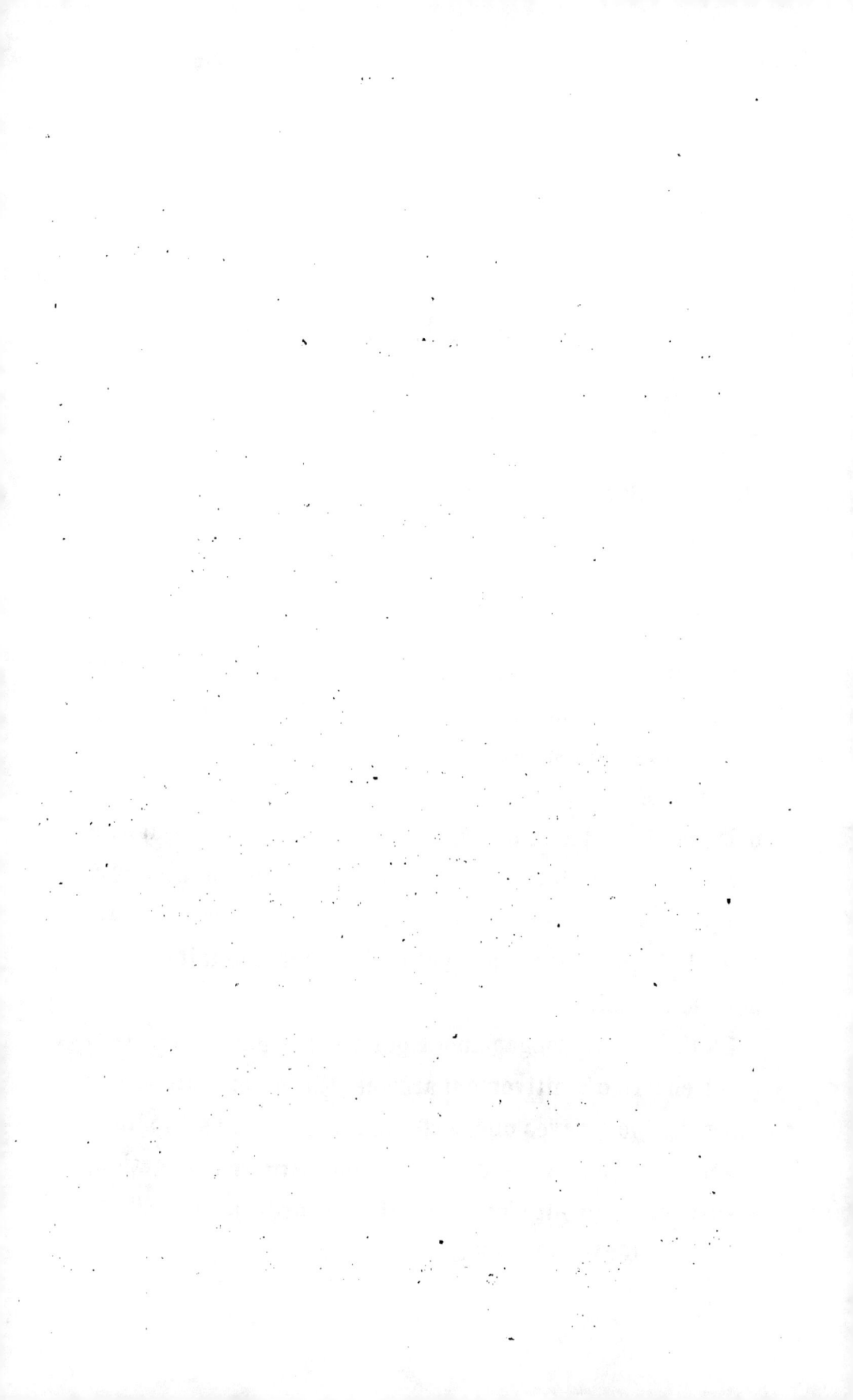

CONCLUSION

SOMMAIRE. — Avenir de la théorie nouvelle.

Pour résumer en peu de mots toute cette seconde partie
de notre étude, nous voyons qu'une déclaration unilatérale de volonté peut être considérée, dans l'état actuel de
notre législation, comme liant, en certains cas exceptionnels, celui qui l'a faite. Quant à aller plus loin, quant à
voir dans la manifestation unilatérale de volonté, la source
unique des obligations et de tous les autres actes juridiques, la logique nous engagerait peut-être à le faire, la loi
nous le défend.

La théorie de l'engagement par volonté unilatérale n'est
point encore définitivement arrêtée. Elle ne produit encore
son principe qu'avec une certaine réserve. Dans la stipulation pour autrui et dans ses applications (délégation,
assurance au profit d'un tiers, titre à ordre), la déclaration unilatérale de volonté n'est présentée que comme

Worms   13 s'appuyant sur un contrat, comme en résultant. Pour le titre au porteur, on va plus loin : ce contrat n'est plus ici la cause de la promesse unilatérale, il n'est plus que la condition à laquelle ses effets sont subordonnés. Pour l'offre enfin, on ne voit plus d'autre condition mise aux effets de la déclaration unilatérale, qu'une autre déclaration unilatérale acceptant la première. Et nous ne croyons pas, en somme, qu'on puisse jamais supprimer cette dernière exigence : car l'engagement pris ne pourra jamais sortir effet extérieur, que si quelqu'un s'en prévaut ; et pour qu'il puisse s'en prévaloir, encore faudra-t-il qu'il l'ait accepté.

On le voit donc, la théorie n'est pas également assurée, également hardie sur tous les points. Ce n'est qu'avec une certaine prudence qu'elle s'achemine vers son but, qui est de faire valider, dans tous les cas, un engagement pris par simple déclaration individuelle. La raison en est simple. C'est la pratique, nous l'avons vu, qui, en créant ou en transformant à une date récente les institutions examinées dans cette étude, a forcé les juristes à édifier la théorie nouvelle. Mais il faut attendre que cette pratique ait pris un peu d'extension, que ses décisions se soient confirmées en se répétant dans le temps et en s'appliquant à de nouvelles matières, pour que la théorie elle-même puisse être définitivement établie. Nous sommes convaincu que les besoins sociaux démontreront chaque jour davantage la nécessité d'admettre cette théorie.

Cette croyance n'est pas fondée seulement sur l'expé-

"rience des vingt dernières années, elle est fondée, peut-on dire, sur les données qui résument l'évolution du droit tout entier. Ce qui caractérise cette évolution, en effet, c'est le progrès constant qu'a fait le droit dans le sens de l'affranchissement de la volonté humaine.

La volonté, à l'origine, dans le droit comme dans toute la vie humaine, est asservie aux choses extérieures : point de transfe t de porpriété sans tradition réelle, point de contrat sans une *res*. — Un peu plus tard, l'homme commence à se libérer des choses qui l'entourent; à voir, dans ses propres actes, le principe de son obligation. Mais, s'arrêtant encore à la forme extérieure, il s'attache au plus matériel de tous ses actes, à la parole qu'il prononce, au *son* qu'il émet : c'est l'ère de la formule et des contrats de droit strict. — Plus tard seulement, il arrive à reconnaître, sous la parole, l'*idée* dont elle n'est que la traduction extérieure, à attacher l'importance décisive à la volonté : c'est ce que nous montre le dernier état du droit romain. Mais, à cette époque et jusqu'à nos jours, on considère encore que la volonté d'un individu ne peut avoir effet, en principe, que si elle s'est concertée, accordée, avec celle d'un de ses semblables. N'est-ce pas là simplement un reste des formalismes anciens, destiné à disparaître comme eux, dans la suite de l'évolution juridique, devant le grand principe, le seul auquel puisse s'arrêter notre intelligence, de l'indépendance du vouloir humain?

La pratique déjà commence à mettre de côté cette vieille

tradition, et la pratique doit triompher, car seule elle re-
présente les véritables besoins de la société. Le moment
viendra donc, croyons-nous, où la validité de l'engagement
pris par une déclaration de volonté unilatérale devra être
pleinement reconnue, sans préjudice bien entendu pour
cet autre principe, que nul ne peut devenir créancier contre son gré. Ces deux principes, opposés en apparence,
s'impliquent en réalité l'un l'autre, car tous deux ne sont
que la conséquence des droits souverains qu'il faut reconnaître à la volonté individuelle. La reconnaissance de plus
en plus complète de ces droits sera l'œuvre de l'avenir. La
raison et l'histoire nous assurent que cette œuvre s'accomplira.

POSITIONS

POSITIONS PRISES DANS LA THÈSE.

DROIT ROMAIN

I. — La *dotis dictio* est un acte unilatéral en apparence, bilatéral en réalité.

II. — La promesse de récompense ne donne pas action contre le promettant.

III. — Toute condition mise à une pollicitation est valable, si elle n'est pas directement contraire à l'intérêt de la cité.

IV. — Le vœu conditionnel ressemble à un contrat, mais n'en est pas un.

DROIT FRANÇAIS

I. — La stipulation pour autrui fait acquérir contre le promettant un droit direct au tiers bénéficiaire, sans acceptation de sa part.

II. — L'assurance de la vie ne saurait s'expliquer par une idée de gestion d'affaires.

III. — Le signataire d'un titre au porteur s'engage par déclaration de volonté unilatérale, envers tous les porteurs du titre.

IV. — L'offre lie son auteur, avant toute acceptation.

POSITIONS PRISES HORS DE LA THÈSE.

DROIT ROMAIN

I. — Les sénatus-consultes se sont peu à peu fondus avec les constitutions impériales.

II. — Les magistrats peuvent prononcer parfois des condamnations, sans qu'aucune action ait été introduite devant eux.

III. — Le contrat *litteris* dérive du *nexum*.

IV. — Le fidéjusseur fut primitivement libéré par la perte de la chose due, survenue par son fait.

DROIT CIVIL FRANÇAIS

I. — La femme étrangère a hypothèque légale sur les biens de son mari, situés en France.

II. — Le bailleur d'immeuble ne peut revendiquer les objets placés sur son fonds par le fermier, si celui-ci les a aliénés dans une foire, qu'en indemnisant l'acheteur.

III. — L'emphytéose ne crée pas un droit réel hypothécable.

IV. — Le droit de réserve, établi au profit des enfants par le Code civil, est un droit rationnel et légitime.

ÉCONOMIE POLITIQUE

I. — Les faits sociaux sont soumis à certaines lois invariables, qui, loin de contrarier l'activité indépendante de l'homme, n'en sont que le résultat.

II. — La société peut et doit être comparée à la fois à un organisme physiologique et à une personne morale.

III. — La mauvaise monnaie chasse la bonne.

IV. — La rente du sol ne s'accroît pas forcément avec le temps.

Vu par le Président de la thèse
C. BUFNOIR

Vu par le Doyen,
COLMET DE SANTERRE

Vu et permis d'imprimer :
Le Vice-Recteur de l'Académie de Paris
GRÉARD

TABLE DES MATIERES

De la volonté unilatérale considérée comme source d'obligations.

SECONDE PARTIE

DROIT FRANÇAIS

Imprimerie des Écoles, HENRI JOUVE, 15, rue Racine, Paris.

www.ingramcontent.com/pod-product-compliance
Lightning Source LLC
Chambersburg PA
CBHW070543200326
41519CB00013B/3111